板橋教育改革

新しい学校は
こうしてつくる

板橋区・板橋区教育委員会 監修

はじめに

2016（平成28）年1月に板橋区教育大綱を策定し、板橋区基本構想における将来像を実現するため、学校教育・生涯学習・文化・スポーツの各施策における方向性を示しました。

「大綱」では、教育分野における、おおむね10年後のあるべき姿を示しています。魅力ある学校づくりが進み、学校・家庭そして地域が連携し、子どもたちのたくましく生きる力が育まれ、生涯を通じて学び、教え合う環境が整うこと。また、「ひと」と「ひと」、「ひと」と「まち」をつなぐコミュニティが形成されることが、目指すべき姿であると考えています。この「大綱」に沿って、教育委員会との密接な連携のもと、子どもたちがいきいきと学び、区民があたたかい気持ちで支えあう元気なまちづくりに取り組んでまいります。

これからの子どもたちが、複雑多様化する社会の中で大人になっていくためには、「生き抜く力の育成」が欠かせません。これを支えるためには、「教育環境の確保」──つまり、学校施設整備を効果的・計画的に進めることが必要です。

子どもたちには、日常的な学びの中で、「自己肯定感」や「生活環境・規範意識」などを高めていってもらうことも大切です。また、教育の一翼を担う学校施設は、子どもたちが多くの時間を過ごす場でありながら、地域のコミュニティ拠点や防災拠点の役割も担います。新たな「学校づくり」は、こうした包括的な地域の抱える課題を解決へ導く重要な地域振興事業でもあると考えます。

2009（平成21）年度から開始した「三校同時改築プロジェクト」は、主体的・協働的な学びの展開につながるという信念のもと、「新しい学校づくり」に邁進してまいりました。今回の集大成として、板橋第一小学校、赤塚第二中学校、そして2016（平成28）年9月に竣工した中台中学校の改築について、板橋区の学校づくりの歴史や、新たな学校づくりの取り組みなど改めて検証し、改築記録誌にまとめました。

本書をお読みになると、教育支援センターの創設と連動し、全庁をあげて「三校同時改築プロジェクト」を推進してきた板橋区の、他に類を見ない取り組み、そして人と地域を育む大切な財産としての学校を、ハードとソフトの両面から計画的に準備を進めてきたことがおわかりいただけると思います。これまでの取り組みが、次世代の学校づくりのモデルケースとなるよう、さらなる教育改革を推進し、「教育の板橋」の実現を目指してゆきます。

板橋区長　坂本 健

目次

- 3　はじめに ……………………………………………… 坂本 健
- 6　板橋区学校マップ
- 8　板橋区の新しい学校づくり年表

10　第1章　準備段階

- 12　板橋区の「新しい学校づくり」前夜

18　第2章　学校づくりの歴史と三校同時の新しさ

- 20　板橋区「学校づくり」の歩み
- 25　「三校同時改築プロジェクト」の始動

28　第3章　新しい学校建築

- 30　三校同時改築の記録

  三校同時改築プロジェクトの特徴①
- 36　オープンスペース型、教科センター方式のねらいと効果 …… 長澤 悟

  三校同時改築プロジェクトの特徴②
- 40　ICT機器を使い、学びの効率化と深化を図る

  三校同時改築プロジェクトの特徴③
- 42　木のぬくもりに包まれた都会の学び舎──木の学校に刻まれた物語

  三校同時改築プロジェクトの特徴④
- 44　学校づくりはまちづくり

> 学校解説

46 　板橋第一小学校

74 　赤塚第二中学校

114 　中台中学校

152 　**学校づくりのメソッド化と共有**

158 # 第4章　実践段階

160 **教職員の理解と協力**
　　　"新しい教育"を始めるために、続けるために……………………… 長澤 悟

162 　板橋区の取り組み

165 　教師は学校で育つ　福井大学教職大学院の特徴 ……………………… 松木健一

168 　校長の取り組み

172 **新しい教育の実践**

173 　板橋第一小学校

176 　赤塚第二中学校

180 　中台中学校

184 # 第5章　板橋の学校づくり・現在と未来

　　　坂本 健×中川修一×長澤 悟×宮田多津夫

197 　建築概要／図面

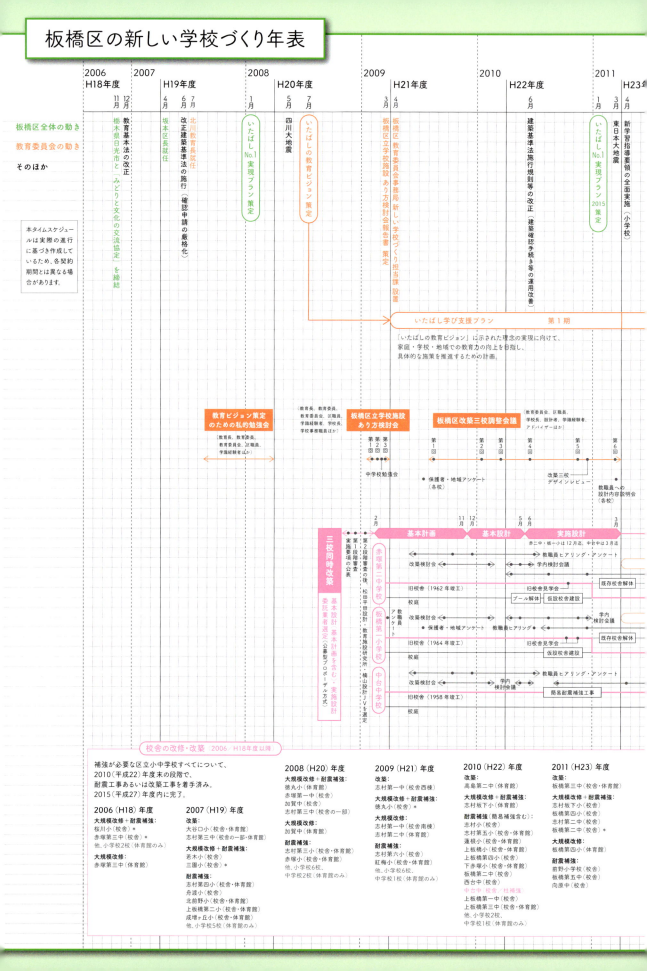

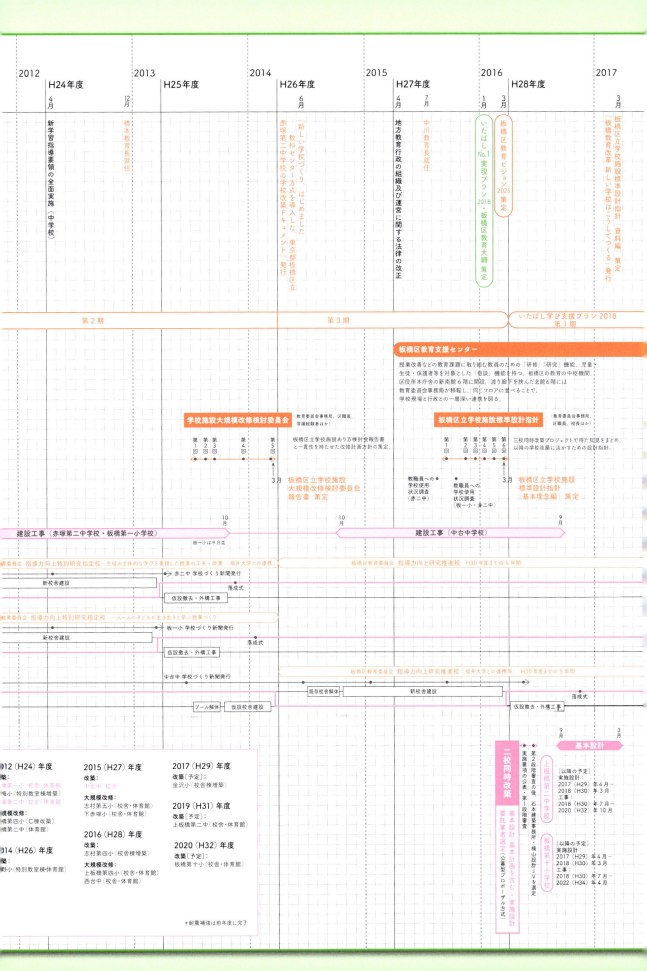

第 1 章

準備段階

板橋区の「新しい学校づくり」前夜

2007・08（平成19・20）年度
- 坂本区長・北川元教育長就任
- いたばしNo.1実現プラン策定
- リーマン・ショック、四川大地震発生
- いたばしの教育ビジョン・学び支援プラン策定

日本では今、明治および戦後以来となる、教育改革が始まっている。

戦後、公立学校では学校施設（ハード）・教育活動（ソフト）ともに標準化が進められたが、その形は、現代の高度化・多様化する知識基盤社会に十分対応できない状況も生んでいる。

そこで、国は2006（平成18）年、約60年ぶりに教育基本法を改正。学校教育で身に付けるべき学力として、これまでの「基礎的・基本的な知識・技能」だけでなく、それらを活用して「課題を解決するために必要な思考力・判断力・表現力等」、そして「主体的に学習に取り組む態度」の3点が重要視された。いよいよ今の中学生が大学受験をする時期にあたる2020（平成32）年には、従来の大学入試センター試験を廃止し、新たな学力評価方法が導入されることになり、教育現場では新たな学習・指導方法への転換が急ピッチで進められている。

そのような背景の中で、東京都板橋区が「新しい学校づくり」を始めたのは、2008（平成20）年のこと。その前年に区長や教育長が交代し、片廊下型の校舎で、記憶暗記型中心の一斉授業が行われている教育現場を目の当たりにして、教育改革の必要性を強く感じたことが、2016（平成28）年度に完成をみた「三校同時改築」の原点である。

坂本区長は2007（平成19）年4月の区長就任時、「3つのナンバーワン」をマニフェストに掲げていた。板橋区が東京で一番住みやすいまちであると評価されるよう、

・あたたかい人づくりナンバーワン
・元気なまちづくりナンバーワン
・安心・安全ナンバーワン

この3つのナンバーワンを実現することが区長の公約であった。1点目の「人づくり」の中核を担うのが、基礎的な「学校教育」であり、公共施設全体の半数以上を占める「学校施設」は、防災拠点として3点目の「安心・安全」の中核も担う。「学校づくり」はこれらに直結する事業である。2008（平成20）年1月、このマニフェストを実現するために策定された「いたばしNo.1実現プラン」（2008－10／平成20－22年度実施計画。以下、No.1プラン）において、

「次代を担う板橋の宝でもある子どもたちをはぐくむため、教育や子育て支援に全力を注いでいきます」と決意表明。

・建築物の耐震性の向上と不燃化促進（学校施設の耐震補強工事）
・教育施設の整備・充実（学校施設の改築・大規模改修）
・基礎学力の向上と個性を育てる教育の推進
・地域との協力による教育の推進

が具体的な施策として掲げられ、さらに、

・教育ビジョンの策定

が盛り込まれた。

教育ビジョン策定は、板橋区で初めてのことである。先述の教育基本法改正で、地方公共団体における教育の振興のための施策に関する基本的な計画を定めるよう努力義務が課せられたという背景もあるが、区長の就任当時、学校の運営は各校の校長に任されており、区の教育への主な関わり方は施設整備、とくに後述する「学校施設の耐震化」であった。しかも、予算があれば進めるという、財政状況に依存した体制や、それまでの対処療法的な改修を改善し、まずは区としてどういう教育、そして学校づくりをするかを考え、ビジョンを掲げて発信し、教育現場をバックアップしていく必要があると考えたのである。

坂本区長

多くの学校施設が
築後50年の更新時期に突入。
耐震化を機に校舎改築を進める

東京23区の北西部、埼玉県との県境に位置する板橋区は、都内屈指の歴史ある工業集積地であり、高島平団地に代表されるように、戦後の高度経済成長期に都心のベッドタウンとして発展した。現在、約30万世帯、56万人が暮らしている（2017／平成29年3月時点）。

最も歴史が古い区立学校は、1874（明治7）年開校の板橋第一小学校。当時は長閑な農村地帯だったが、宅地化が進むにつれ学校数も増加し、現在は区内に52の小学校、23の中学校、計75校を擁している。その校舎の多くが昭和30－40年代、児童・生徒数の急増に伴う増築や、不燃化を目的とした改築（建て替え）など、集中的に整備が進められた古い建物である。

1983（昭和58）年の赤塚新町小学校・志村第五中学校の新設開校以来、長らく、校舎の新築、改築は行われていなかった。しかし1997（平成9）年、昭和30－40年代に建設された校舎が築後50年の更新時期を迎える平成20年代に向けて改築計画を策定。昭和30年代に鉄筋コンクリート造に建て替えられた校舎等を有する31校（小学校13校・中学校18校）を、1997（平成9）年度から2019（平成31）年度までの23年間で改築するという中長期的な目標であった。

ちょうどその頃、1995（平成7）年に発生した阪神・淡路大震災の被害状況などを踏まえ、2003（平成15）年7月、国が「学校施設耐震化推進指針」を策定。1981（昭和56）年の新耐震基準施行以前に建築された学校施設について、耐震診断の実施、耐震改修促進計画の策定等の取り組みが求められることとなった。しかし多数の学校を抱える自治体にとっては予算確保などの問題から、スピードアップが図られなかった。そこで2005（平成17）年1月に「建築物の耐震改修の促進に関する法律」が改正、2006（平成18）年3月に「公立学校施設の耐震化の促進」が各自治体に通知され、早急な対応が迫られたのである。

板橋区においては、前述の通り、赤塚新町小学校・志村第五中学校や一部の屋内運動場施設を除き、多くの校舎が新耐震基準施行以前の建築である。そこで耐震診断を実施し、耐震補強および改築による耐震化計画を進めていたものの、坂本区長が就任する直前の2007（平成19）年3月末時点で、耐震補強済み・不要など、新耐震基準をクリアしている施設の割合（耐震化率）は54.2％という結果であった。そこで、児童・生徒

の安全確保、また学校は震災時の拠点となることから、No.1プランの中でも耐震化計画の前倒しが掲げられ、2008（平成20）年度から2015（平成27）年度中までの8年間で、4校の改築、17校の大規模改修、34校の耐震補強という計画が打ち出された。そのうち、近々の3年間、2010（平成22）年度中までに、改築1校、大規模改修6校、耐震補強工事は全34校を完了する計画である。

この改築1校は、板橋第三中学校（1947／昭和22年開校）で、1960（昭和35）年竣工の鉄筋校舎はまさに築後50年を迎えようとしており、すでに設計が進められていた。そして残る改築3校が、板橋第一小学校、赤塚第二中学校（1947／昭和22年開校）、中台中学校（1959／昭和34年開校）である（以下、板一小、赤二中、中台中）。いずれも昭和30年代に建築し、増改築を加えてきた校舎で、更新時期に当たっていた。

ここで区長に一つのアイデアがあった。この3校の設計者をまとめてプロポーザルで選定するとい う、全国的にみても稀な試みである。1校ずつ発注するよりも、3校まとめることで、よりよい学校のあり方を提案し実行する力のある設計事業者に出会い、学校づくりのパートナーとして選ぶことができると考えたのである。

区長は、これまでのように、1校ずつ、行政の有する人材だけで学校づくりを進めても、教育改革の壁を打ち破ることができないだろうと感じていた。ビジョン実現には一貫した実行力が必要である。教育行政の組織改革はもちろん必要だが、学校建築や教育指導技術などの専門家が一貫して関わることが不可欠で、その強い力が大きな推進力になると考えた。

かつて建築に携わっていた経歴をもつ区長ならではの発想である。早速、2009（平成21）年度から基本設計に取りかかるべく、準備が進められた。

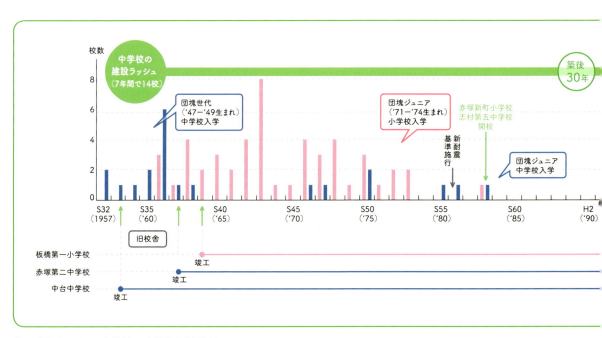

［図1］板橋区立小中学校の建設年別施設数

耐震化を急ぐ中、
世界的金融危機が発生。
進めるべきは進め、見直すべきは見直す

ところがNo.1プラン策定からわずか4カ月後、2008（平成20）年5月に中国の四川省で大地震が発生。多くの学校校舎が倒壊し、甚大な被害がもたらされた様子が報道され、日本国内にも衝撃を与えた。そこで区長は耐震化のさらなるスピードアップを決断。耐震補強が必要と判断されたすべての学校、つまり2011（平成23）年度以降に改築・大規模改修工事が予定されている学校も含め、遅くても2010（平成22）年度中までに、耐震化に着手するという方針を定めた。偶然にも東日本大震災が発生した2011（平成23）年春まで、という目標が打ち立てられたのだが、当初は件数が多く、達成が難しいのではないかという不安があった。さらに追い打ちをかけたのが、同年9月に発生した米国の大手投資銀行、リーマン・ブラザーズの経営破綻である。これに端を発した世界的な金融危機、いわゆる「リーマン・ショック」により、日本国内も企業収益が悪化。2009（平成21）年度の東京都の税収が20％ほど落ち込むため、板橋区に交付される特別区財政調整交付金も大幅に減少する見込みとなり、あらゆる事業計画の見直し・見合わせが余儀なくされた。

しかし、首都直下型地震がいつ起きてもおかしくないと言われている中で、区民、とくに次世代を担う板橋の宝でもある子どもたちの「安心・安全」の確保に待ったなし──と、耐震化のスピードアップ継続を決断。ただし、改築3校のうち、中台中については工事を3年遅らせざるを得なかった。

板一小と赤二中は2010（平成22）年度から仮設校舎建設、既存校舎解体に着手予定のため、目標の2011（平成23）年春までに仮設校舎への移転が完了するが、中台中は2013（平成25）年度の仮設校舎建設までの数年間、耐震性に課題がある校舎として残されてしまうことになる。そこで、すべての子どもに対して安心・安全を確保するため、既存校舎に対して簡易耐震（鋼板柱巻き補強）を実施。東日本大震災の前に工事が完了していた。

3校のほかにも築50年を超す学校は多くあり、耐震化を前倒しして進めた分、学校施設全体の整備計画は実施ペースの見直しが求められた。とくに当初、耐震補強工事とあわせて大規模改修をするという発想で計画を組んでいたため、耐震補強を先に済ませた分、改めて改修工事をすると2回工事をすることになり、コストアップにつながる。新しくする、建てるということは、これからまた80年、100年使っていくということ。ランニングコストも考慮し、少子化が進む中でどう教育が変わっていくのかも見据え、先々も含めて教育上望ましい規模を保てるような建物を考えなくてはなら

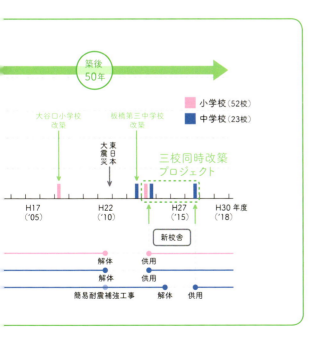

ない。その方針の中で、場合によっては2つの学校を1つに合わせて、将来的に必要となる十分な教育設備を整えた学校をつくっていこうということで、学校整備計画全体を見直すことになった。

ビジョンを掲げ、板橋の教育が目指す方向性を明らかにする

一方で、No.1プラン策定および教育基本法改正を受け、これからの板橋区の学校づくりの根幹となる教育ビジョンと、それを具体化する教育振興推進計画の策定が板橋区教育委員会に任された。教育委員会では毎年、教育目標を定めてきていたが、中長期的な目標は初の試み。教育委員主導で、2008（平成20）年度に、義務教育段階における学校・家庭・地域の将来到達すべき教育のあり方を設定し、対応する課題に目標と方針を示し、中長期的な方向性を明確にした「いたばしの教育ビジョン」と、さらに2009－15（平成21－27）年度を計画期間とした「いたばし学び支援プラン」を策定することになった。

教育委員会では、2007（平成19）年7月に就任した北川元教育長を中心に、早速これからの板橋の教育をどうするべきか、検討が進められた。行政畑出身だった元教育長は、教育研究のために同年夏から約半年間、私的な勉強会を開催。休日に教育の専門家や建築設計の専門家を講師に招き、教育委員や学校長、ときには事務局の職員も参加し、板橋の教育をどう進めるかを話し合った。その勉強会の中で、当時最先端であった協働学習という学習法や、教科ごとに専用のスペースを固定し、生徒が時間割にあわせて移動しながら授業を受ける「教科センター方式」という運営方式に出会う。子どもが楽しそうに、いきいきと学ぶ姿に大きな可能性を感じたという。

また、当時は社会的に、学校だけでなく、家庭や地域の教育力低下も課題になっており、改正された教育基本法にも、「家庭教育」「学校、家庭及び地域住民等の相互の連携協力」などの条項が新設された。そこで、子どもを取り巻く現状を把握するため、区民等との勉強会が開催された。保護者・教職員・地域団体などと16回にわたって議論を重ねる中で、

・好ましい生活習慣を身に付けていない子どもが増加している
・子ども間での学力の散らばりが拡大している
・他人とのコミュニケーション能力が不足している
・基礎学力はあってもそれを活用する能力が身についていない

という指摘が挙げられた。また、これからは、区と教育委員会が連携し、地域・家庭とともに魅力ある学校づくりを推進することで、保護者が積極的に地元の区立小中学校を選択したくなるような教育をめざしていくことが重要であるという方向性も見えてきた。

さらに文部科学省が小学6年生を対象に実施した「平成19年度全国学力・学習状況調査」による板橋区のデータを分析。

・生活習慣と基礎学力には一定の相関関係がある
・基礎学力が低いと、ものごとを探求する能力も育っていかない

ことも明らかとなり、改めて、家庭・学校・地域の教育力向上こそが重点的に取り組むべき課題として位置づけられた。

これらを踏まえた中間のまとめ案が2008（平成20）年5月に公表、パブリックコメントが募集され、それを反映した最終版が7月に「いたばしの教育ビジョン」として策定された。

まずは冒頭で「板橋の目指す子ども像」を
・心身ともに健康で思いやりのある人
・自分の意見を持ち、伝え、他人の意見も聞く姿

勢を持つ人
・規範意識を身につけ、自ら考え、判断し、行動することのできる自立した人
・基礎学力の修得とその活用により、ものごとの本質を考えられる人

と定め、子どもたち自身が発達段階に応じて必要な力を身に付けることの重要性、あわせて子どもたちの成長を支える大人たちも変わっていかなければならないとの基本的な考えが示された。

その上で、教育ビジョンが目指す基本的方向を「いきいき子ども！あたたか家族！はつらつ先生！地域が支える板橋の教育」と表し、［図2］に示す5つの柱が掲げられた。

この明確に打ち出されたビジョンを実現するため、引き続いて具体的な施策・事業の洗い出しが行なわれ、その年度末、2009（平成21）年3月に「いたばし学び支援プラン」（第1期：2009・10／平成21・22年度）を策定。

新たな事業となる「確かな学力を定着させるフィードバック学習方式の整備」、「教育支援センター構想」、「板橋区版放課後対策事業"あいキッズ"」、「学校支援地域本部」などの取り組みを始めるとともに、板橋区民がこれまで大切に培ってきた平和、環境、地域の産業への思いを教育に取り込んだ、［図3］に示す8つの重点施策が設定された。

柱1：幼稚園・学校は、子どもたちの未来を担う力を引き出し、夢へつなげます
柱2：家庭は、子どもとともに育ちながらやすらぎを与え、好ましい生活習慣や規範意識を身につける場としての役割を果たします
柱3：教職員は、子どもと向き合い、子どもの現在だけでなく将来をも意識し指導力向上に努めます
柱4：地域は、「地域の子どもは地域が育てる」との意識で子どもの育ちを支えます
柱5：教育委員会は、教育現場を大切にし、子どもの育ちや家庭・教職員・地域の教育を支えます

［図2］「いたばしの教育ビジョン」5つの柱

重点1：豊かな心と健やかな体の育成
重点2：確かな学力の育成
重点3：読書活動の充実
重点4：教員の指導力向上
重点5：家庭における生活習慣の形成支援
重点6：地域人材による学校・家庭支援の促進
重点7：安心・安全で魅力的な学校環境の整備
重点8：教育委員会の改革

［図3］「いたばし学び支援プラン」8つの重点施策

第 2 章

学校づくりの歴史と
三校同時の新しさ

板橋区「学校づくり」の歩み

- 1974・75（昭和49・50）年頃の一連の改築プロジェクト
- 2002－07（平成14－19）年度の大谷口小学校改築プロジェクト

全国に先駆けて
次世代の学校建築に挑んできた板橋区

学校施設は子どもを育てる場というだけでなく、その地域の核にもなる区の財産でもあり、一度つくると、80年以上、使用することになる。その一方で、学校教育法等に基づき、教育課程（カリキュラム）を編成する際の基準となる「学習指導要領」が、ほぼ10年に1度のペースで改訂されているように、教育の内容や方法は時代とともに変化する。したがって、学校施設（ハード）は、80年以上先の社会情勢を見据えながら、10年スパンで変化する教育活動（ソフト）への柔軟な対応が求められる上、個々の学校の特徴や敷地等の条件による個別の解も求められる。

戦前の学校施設は木造が中心で、戦災により多くが焼失した。火災だけでなく、台風などに対する防災上の観点からも、戦後すぐに不燃・堅牢化を図るため、戦時中は中止されていた鉄筋コンクリート造化に向けた取り組みが開始された。1950（昭和25）年、文部省（当時）が日本建築学会に委嘱して鉄筋コンクリート造校舎の標準設計を作成し、これが学校施設建設における国庫補助の基準となった。戦後の学校教育法施行により義務教育が9年に延長、いわゆる「6・3制」が発足し、新制中学の校舎が大量に求められていた上、団塊世代が小学校入学を迎える昭和20年代後半から、さらに圧倒的な量が必要になり、標準設計による学校づくりが一気に日本全国に広まったのである。

量的整備の時代が終焉し、画一的な計画からの脱却が始まったのは昭和40年代後半。団塊ジュニア世代が小学校入学を迎える昭和50年代に向けた校舎の新築・増改築ラッシュにあわせ、全国的に「オープンスペース」の導入が試みられるようになる。多様な教育活動を展開できるように、可動の家具や間仕切りで仕切れるようにした開放的なスペースであるが、これは、ちょうど昭和30－40年代にアメリカで隆盛した「オープンスクール」に倣ったものだ。1984（昭和59）年度からは「多目的スペース」に対する国の補助制度が開始し、計画例が増加。新たな教育実践を生み出した一方で、教室に隣接して広いスペースをとっておきさえすればよいという安易な設計例も増えた結果、画一的な計画に陥り、効果的な利用がなされないという状況も生まれた。本来の「オープンスクール」は、児童・生徒一人ひとりに応じた、個別的学習を推進するために、学校の建築様式と学校運営の双方を開放的にすることを意味している。当時の日本では建築様式ばかりが先行し、学校運営の開放が伴わなかった結果である。

じつは全国に先駆けて「オープンスペース」を設置したのが板橋区であった。1974（昭和49）、1975（昭和50）年に改築された小学校6校・中学校1校について、次世代の学校建築のモデル校として「学年別ユニットプラン」「オープンスペース（ワークスペース、マルチパーパス[多目的]ス

ペース）」などを導入し、新たな教育に挑んだ。

　この第一次「新しい学校づくり」は、当時の建築雑誌でも大々的に紹介され、建築学の研究対象ともなった。その記述によれば、きっかけは東京都が1974（昭和49）年度末までに区部に残る木造校舎すべてを鉄筋コンクリート造校舎に改築する方針を示したことであった。早速、板橋区は1971（昭和46）年9月、学校建築研究協議会を設置。校舎の鉄筋コンクリート造化に伴う敷地周辺の環境配慮を協議することが主な目的で、区の建築部営繕課（当時）と建築学の専門家を中心に、学識経験者、区議会議員、区理事者、学校長、地元代表、PTA役員等の委員から構成された機関である。1972（昭和47）年以降に建設する区立小学校・中学校については、同協議会で基本計画に対する審査が行われ、その後に実施設計を進めるという方式が採られることになった。それまで学校づくりに学校の当事者や地域が関わったことがなく、当初こそ日照問題の解決に重点が置かれていたが、次第に計画案の建築的な問題へと審議内容が変わっていったという。既存木造校舎の典型的な北側配置・片廊下式の建築様式をそのまま鉄筋コンクリート造化してもいいものなのか、これからの学校建築のあり方について検討・協議が進められた。同時期の1974（昭和49）年、板橋区教育委員会が発行した『板橋区　教育百年のあゆみ』にも次のような記述がある。

「二十一世紀の学校教育は、閉ざされた授業から開かれた授業へと指向されている。学級や担任の枠をはずして、時間割も固定しない。教師が授業をするのではなく、子どもたちひとりひとりが学習する。このようになれば、一斉授業は前世紀の遺物と化す。そのような学習を行うのに、ふさわしい構造の学校が造られている。その例は富士見台小学校である。同一学年の教室の間仕切りは、将来の教育が変わった場合には、簡単に取りはずせるように、吸音材を入れた木造の壁である。同一学年が時には合同授業も行われるように配慮された構造である。また、教室に接してワーク・スペースとして一教室分の広さの部屋がある。マルチパーパスと呼ばれるもので、子ども達の自由な学習部屋で、そこでは読書や植物等理科の観察もできるようになっている。
（中略）
　このように、壁と廊下に囲まれた従来の学校のイメージは新しいタイプの学校に変えられつつある。新しい教育は新しい構造の校舎を必然たらしめるもので、教育委員会の指導室が中心になって慎重に研究が進められている。将来は、さらに教授法の変化によって、その施設はいろいろと変化されるであろう」
（「第九章　伸びゆく教育板橋／第四節　これからの板橋の教育」より）

　学校建築研究協議会の委員であった日本大学理工学部建築学科関沢勝一助教授の研究室と区が協同で設計し、1974（昭和49）年に改築した富士見台小学校（1954／昭和29年開校｜図1）はそのモデルケースとして完成。同委員の工学院大学工学部建築学科波多江健郎教授の研究室と区が協同で設計した弥生小学校（1956／昭和31年開校｜図2）も同様のケースとして位置づけられ、「現在のところ、都内においても初めての試みであろう」とされている。この2校に続き、金沢小学校（1952／昭和27年開校｜図3）と稲荷台小学校（1956／昭和31年開校・2002／平成14年閉校｜図4）も日本大学建築学科関沢研究室が設計を担当し、翌1975（昭和50）年夏に改築竣工。同時期に改築された北野小学校（1955／昭和30年開校）、板橋第七小学校（1938／昭和13年開校）、北前野小学校（1958／昭和33年開校）にも、これらのモデル

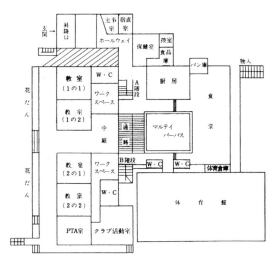

[図1] 富士見台小学校 1階平面図
　　　所在地：東京都板橋区前野町1丁目10-1
　　　基本計画：板橋区建築部営繕課
　　　　　　　〔協同〕日本大学理工学部建築学科関沢研究室
　　　設計：柳建築設計事務所
　　　構造・規模：鉄筋コンクリート造・地上3階建て
　　　工期：1973年6月－1974年6月

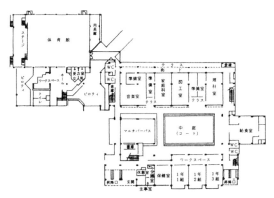

[図3] 金沢小学校 1階平面図
　　　所在地：東京都板橋区加賀2丁目2-1
　　　設計：日本大学理工学部建築学科関沢研究室
　　　　　　〔協同〕建築綜合計画研究所・協建築研究所
　　　構造・規模：鉄筋コンクリート造・地上3階建て
　　　工期：1974年6月－1975年7月

[図2] 弥生小学校 1階平面図
　　　所在地：東京都板橋区弥生町19-1
　　　基本計画：板橋区建築部営繕課
　　　工学院大学工学部建築学科波多江研究室
　　　設計：工学院大学工学部建築学科波多江研究室
　　　構造・規模：鉄筋コンクリート造・地上3階建て
　　　工期：1973年6月－1974年6月（1期）／
　　　　　　1974年6月－1975年3月（2期）

金沢小学校のワークスペース

ケースが応用された。

　また、1975（昭和50）年、地下1階・地上4階の鉄骨鉄筋コンクリート造校舎に改築された志村第四中学校は、半地下に体育館を配置し、2階には庭のようなマルチパーパス（多目的）スペースが設置されている。

　なお、富士見台小学校・金沢小学校・稲荷台小学校に導入された「ワークスペース」はオープンスペースの形態の一つで、普通教室に直接連続し、通路を兼ねた学習スペースである。関沢勝一助教授が『建築文化』（1976年6月号）に寄せた「転換期の学校建築 板橋区立小学校のケース」によれば、イギリスの学校建築を参考にしたもので、従来のクラス単位ではなく、学年単位で共通のワークスペースをもつプランに発展させ、3校に導入された。一方、「マルチパーパス（多目的）スペース」は、普通教室の近く、または離れて、まとまった広さをもち、メイン動線を兼ねない学習スペースを指している。

　各校における取り組みが実際どのように教育活動に活かされているか、建築学の専門家による調査研究も行われた。その先進的な取り組みが評価された一方、家具や間仕切りが整っていないために有効利用されていないケースもあったようだ。その中で、金沢小学校については、ソフト面の改善も行われ、ワークスペースを活用したチー

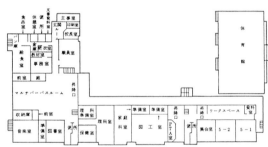

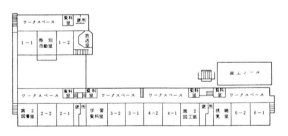

［図4］稲荷台小学校 1・2階平面図
　　　所在地：東京都板橋区稲荷台23　（2002年閉校）
　　　設計：日本大学理工学部建築学科関沢研究室
　　　　　　［協同］建築綜合計画研究所・協建築研究所
　　　構造・規模：鉄筋コンクリート造・地上2階建て
　　　工期：1974年6月－1975年7月

ムティーチング（複数の教員が協力して授業を行う指導方法）が実践されているという報告も見受けられた。（1980／昭和55年度 日本建築学会 関東支部研究報告書「小中学校のオープン・スペースの使われ方に関する研究 その2──廊下を広げた形のオープン・スペースをもつ学校のケーススタディ」）

住民参加型学校づくりにも挑戦

それから30年以上が経過し、板橋区が第二次ともいうべき今回の「新しい学校づくり」を始める直前、2008（平成20）年3月に完了した大谷口小学校（1958／昭和33年開校）の改築で、一つの新しい取り組みが行われた。それは「学校・地域・家庭の連携」を目指した住民参加型の学校づくりの実践で、基本設計に入る前に、地域住民やPTA関係者、児童（6年生）によるワークショップを開催。さまざまな意見を可能な限り反映する試みがなされた。完成した新校舎は中心に体育館を据え、広いオープンスペースでつながった各学年の教室は多様な学習活動に対応できる、「未来を考えた小学校改築のモデル校」として設計された。

しかし残念ながら、改築当初はスペースを十分に活かした教育活動が行われなかった。改築を担当した北川元教育長（当時教育委員会事務局庶務課長）は「オープンな教室をつくるので精一杯で、先生方をどう育てるかという手立てまで手が回りませんでした。ICT機器や家具についても十分に考えられなくて、ただ広い廊下がある建物をつくっただけで終わってしまったのです」と振り返り、教育現場を何とかしたいという思いを強くしたという。

実際、それまでは財政的な面から、施設の発注は区長部局の責任下にあり、学校はあくまでユーザーの立場。つまり区長部局と教育委員会は別々の立場で、学校づくりは主に営繕課と設計者を中心に進められていた。また設計者が担当するのは建築のみで、家具の発注には関われなかった。それぞれの立場でいいものをつくろうと思っても、意見交換する機会が少ないため、なかなか反映されず、大谷口小学校の改築後には対応すべき課題が残った。しかも組織の常で、教育委員会や営繕課の担当者も、学校の先生も入れ替わる。この状況に、坂本区長も、ビジョンの実現には当時の教育委員会と営繕課だけでは難しく、中心となる人材と担当部署が必要だと感じていたという。

「教育のハードとソフトの両方を引っぱる組織をどうやってつくるのか。そこがポイントだと思いました」（坂本区長）。

教育委員会事務局内に、建物の発注者としての責任と、運営管理者としての責任をあわせもつ、新しい部署の設置の検討が進められた。

「三校同時改築プロジェクト」の始動

2008（平成20）年度後半
- 板橋区立学校施設あり方検討会
- 三校同時改築プロポーザル実施

2009（平成21）年4月
- 新しい学校づくり担当課誕生

学校施設整備の基本方針と検討課題をまとめた「板橋区立学校施設あり方検討会」

2008（平成20）年7月、教育ビジョンの策定を終えた板橋区。いよいよ2009（平成21）年度から基本設計がスタートする板一小・赤二中・中台中の三校同時改築プロジェクトに向けて、教育委員会を中心に準備が進められた。

その一つが、教育ビジョンに示された教育像、学校像を実現するために、学校施設の「基本方針」と「検討課題」をまとめることである。当時、板橋区では1996（平成8）年に定めた学校改築指針を運用していたが、いくらいいビジョンを掲げても実際に現場に反映されなければ意味がなく、また、改築3校だけでなく、今後、ビジョンのもとで一貫した学校づくりを進めるためにも、ソフトとハードを融合した学校施設の新たな整備方針を定めることは不可欠であった。

そこで、教育委員会は2009（平成21）年2月から、3回にわたって「板橋区立学校施設あり方検討会」を開催。教育長、教育委員、教育委員会事務局の各課はもちろん、改築3校の校長、小中学校校長会会長、区長部局（政策企画課、財政課、営繕課）等が参加。建築学の専門家も交え、学校施設計画専門のコンサルタント会社が監修、とりまとめを行った。検討会の設置に時間を要したため、その前には教育委員や学校施設計画の専門家を中心とした勉強会が開催され、検討課題の整理が行われていた。そこでは大きく分けて「子どもたちの教育環境」「子どもたちの生活の場」「学校と地域の関わり」について20の課題が出され、それらを引き継ぐ形で、三校同時改築を意識しながら、検討が進められた。

この3校が選ばれたのには意味がある。前述の通り、いずれも築50年を超え、早急な改築を要していたことが第一の理由として挙げられるが、板橋区全体の教育改革を推進するための軸とするため、属性が異なる3校が選ばれたのだ。板橋区東部、区役所の近くに位置する板一小。その反対、西部の成増地区に位置する赤二中。2校の中間、板橋区中部に位置する中台中。地域性の違いに加えて、中学校2校のうち、赤二中は生徒数約500人（最大18クラス、定員720名）で、小学校と隣接する立地。一方、中台中は生徒数約300人（最大15クラス、定員600名）で、単独に建っている。この3校をモデルとすることで、ほかにも展開できるのではないかという戦略があった。

第1回目は教育環境が議題の中心。小学校のオープンスペース、中学校の運営方式について意見交換された。とくにオープンスペースについては流行だからつくるということではなく、どう有効なのかを具体的に確認することや、1974・75（昭和49・50）年に行われた一連の改築および大

谷口小学校改築における取り組みの検証、残された課題について整理をする必要性が挙げられた。教室前に広めの廊下をつければよいということでなく、整理整頓や掲示物を貼るスペースの確保、音の問題、特別支援を必要とする児童・生徒への配慮など、個々の学校の実態に応じて考え、設計をしていく必要があることが確認された。また、オープンスペースについては、小学校で18％、中学校で10.5％の補助金の加算があるものの、予算が依然として厳しい状況にあることが述べられた。

また、先の勉強会において取り上げられた、近年採用する学校が増えている教科センター方式（教科教室型）について議論されたが、その建築にはさまざまなタイプがある。重要なのは教科指導のあり方をどう考えるかという根本から議論をスタートすることであり、教員と生徒の関係、生徒の居場所など、新しい教育、新しい学校を考えるにあたり、「教科センター方式は議論の素材としてはとてもよい材料である」という意見が挙がった。改築対象となった3校のうち、中学校は赤二中と中台中の2校あるため、異なったタイプの採用も可能である。現場の声を聞くことや、また実際に教科センター方式の学校を見たことがない教員も少なくないため、実践している他自治体の学校見学の開催など、導入に至るプロセスを重視する必要性も確認された。

第2回目は今後、地域住民が学校教育とどのように関わっていくのか、学校施設をどこまで地域に開放するかについての意見交換がなされた。最後、ランチルームやトイレ等、主に生活環境につ

---

1. 高機能・多機能で、授業の場として整った教室環境とする
2. 教師の協力体制による多様な学習形態に対応できる教育空間とする
3. 教科学習を充実することのできる施設構成・運営方式を検討する
4. 学校図書館を主体的な学習活動と豊かな学校生活の中心として位置づける
5. きめ細かな特別支援教育が実現できる環境とする
6. 教職員が連携しやすく、機能的で快適な管理諸室を配置する
7. 幼小・小中の学校段階の移行を円滑にし、連携しやすい計画とする
8. 心身の成長の場として、ゆとりと潤いのある生活空間をつくる
9. 学習発表・集会・食事等、多様な交流機会を生み出す場をつくる
10. 体育施設を充実するとともに、外に出て体を動かすことが自然にできるようにする
11. 防犯性の高い施設とする
12. 事故が起こらない施設とする
13. 放課後・休日に子どもたちの居場所となるように計画する
14. 地域が学校を支えていくための拠点をつくる
15. 地域の文化・伝統行事、防犯活動等の取り組みの場として機能する学校施設とする
16. 地域の人々が有効に活用でき、地域の活動を活性化させる学校施設とする
17. 災害時に避難拠点として機能するとともに、早期に学校機能が回復できるようにする
18. 地球環境に配慮し、長寿命で低炭素社会における意識を育てる施設・設備とする
19. 災害に強い、安全・安心な施設とする

［図5］板橋区立学校施設あり方検討会報告書（抜粋、一部要約）

いて議題された第3回の前には、赤二中と中台中の教員を集め、教育環境に関する意見交換会を実施。そこでは、どのような教室づくりを行いたいかという具体的な意見も出た一方で、子どもたちをどう管理するのかという課題が表出し、なかなか意見がまとまらなかったという。しかし、改築をきっかけに、教員たちがこのように子どもたちのことを、ゆっくりと落ち着いて話し合う場をもつこと自体に意義がある。大谷口小学校の改築でも、ワークショップに時間や経費がかかり、事業費が膨らむなど、批判があったものの、当事者が集まり改めて学校について考えたことや、教員たちが意見を出し合ったことで、前向きに改築に取り組むことができ、自由度の高い空間を見出そうとした成果はあったとされた。

この3回にわたる検討会の後、2009(平成21)年3月、同報告書がまとめられた[図5]。短期間ですべての課題について方向性を定めることは難しかったが、学校施設の基本方針と検討課題が示され、委託された学校施設計画専門コンサルタント会社作成の「板橋区の学校施設のあり方」が参考資料として添えられた。教育環境に関しては、学習方法や学習形態、指導体制の多様化に柔軟に対応できるようにする、多様な活動を行うために(中略)家具計画を行うこと、とくに中学校の運営方式については、教科指導の充実、主体的な学習態度の育成等を目標として、特別教室型と教科教室型の運営方式について比較検討を行うと示され、以後、個別に検討されることになった。

教育行政の革新が始まる
「新しい学校づくり課」の創設

板橋区立学校施設あり方検討会は改築を念頭に置いたものであるが、今後、大規模改修を行う際の設計標準についても報告書の趣旨を踏襲しつつ検討する予定とし、改築と改修をあわせて、学校施設全体の計画的な整備を実施して行くこととなった。その実行部隊として、2009(平成21)年4月、教育委員会の事務局内に誕生したのが「新しい学校づくり課」(当時の名称は「新しい学校づくり担当課」)である。教育ビジョンを着実に推進するための教育委員会事務局再編に伴って設置されたもので、学校施設の耐震・大規模改修・改築を計画する「学校計画推進担当」、補修工事を取り仕切る「学校施設担当」、学校の適正配置を進める「新しい学校づくり担当」で構成。教育委員会も、経営者としての施設マネジメント力と、運営者としての教育力の双方をうまく機能させて欲しいという坂本区長の思いが込められたものだ。

新しい学校づくり課が初めて手掛ける学校整備が、総工事費100億円規模の一大プロジェクト「三校同時改築」である。全国的にも稀な試みとなった3校まとめてのプロポーザルによる設計者選定はすでに行われ、平成21(2009)年2月に学校づくりのパートナーは決定していた。さらに、板橋区立学校施設あり方検討会の監修を行った学校施設計画の学識経験者・長澤悟氏が引き続き本プロジェクトのアドバイザーとして加わることになり、板橋区、教育委員会、学校、設計者が一つのチームとなって、いよいよ「新しい学校づくり」という変革へのチャレンジが始まったのである。

第 3 章

新しい学校建築

三校同時改築の記録

三校同時改築の経緯

前述の通り、阪神淡路大震災の後、国策として学校施設耐震化推進が図られていたが、板橋区では2008（平成20）年策定の「いたばしNo.1実現プラン」によって、さらに小中学校の整備・耐震化計画が前倒し、拡大されていった。それは2015（平成27）年度までに改築4校、大規模改修17校、耐震補強工事34校を完了する計画であった。改築4校のうち、まずは以前から計画が進められていた板橋第三中学校（1960／昭和35年竣工）が建て替えられた。改築予定で残る3校は、板橋第一小学校・赤塚第二中学校・中台中学校（以下、板一小・赤二中・中台中）。その実施にあたり、区長からこの3校をまとめて同時改築する提案がなされた。3校まとめることで、先行事例としてより多角的に学校づくりの検討ができ、プロジェクト規模が大きくなってより多くの経験豊かな協力者を集めることができる。こうしたねらいをもって、3校同時の改築が計画提案され、実施にいたる。

2008（平成20）年11・12月に教育委員会で、三校同時改築プロジェクトを進めるにあたり次の要件が報告された。

1. 設計業者の選定
従来の入札方式ではなく、プロポーザル方式で選定すること。そのスケジュールと選定委員会の決定（2008／平成20年11月）。実施要項を2008（平成20）年度11月に発表。審査を12・1月に行い、2月に設計業者と契約する。

2.「学校施設のあり方検討会」の設置
〔2008（平成20）年度実施〕

新しい教育ビジョンを踏まえた標準的な学校のあり方、仕様の明確化、3校の独自性、地域性を踏まえた具体的な施設のあり方等を検討する検討会の設置。委員の決定（2009／平成21年1月）。

3. 各校で「改築検討会議」の設置
〔2009・10（平成21・22）年度実施〕

各校ごとに基本計画に向けた具体的な考え方を整理する会議の設置。委員の決定（2009／平成21年5月）。

4.「改築三校調整会議」の設置
〔2009・10（平成21・22）年度実施〕

改築3校の具体的な計画案について、相互に齟齬がないよう調整し、学校施設の基本計画・基本設計案を決定する会議の設置。委員の決定（2009／平成21年5月）。

また、設計者が決定され基本計画、基本設計が進む時期にあわせ、板橋区の小中学校づくりを革新的に進めてゆくための担当部局である「新しい学校づくり担当課（当時）」が2009（平成21）年4月に設置され、関係部局、学校、設計者間の調整が行われた。

三校同時改築プロポーザル実施

板橋区（担当部署：板橋区立学校改築設計プロポーザル事務局）は設計者選定のため設計提案を募る、プロポーザルを実施。概要は次の通り。

〔名称〕
東京都板橋区立板橋第一小学校・中台中学校・赤塚第二中学校改築工事基本設計（基本計画を含む）及び実施設計委託プロポーザル

〔審査委員会〕
板橋区は提案の与条件を含めたプロポーザル実

施要項の作成と、審査を行う審査委員会を設置。委員は、板橋区の教育委員会事務局に加え、それ以外の部署や小学校校長、中学校校長、児童・生徒保護者代表で構成された。またアドバイザーとして学校施設計画の学識経験者である東洋大学教授（当時）の長澤悟氏が参加した。

［スケジュール］

2008（平成20）年
実施要項の告示：11月26日
参加表明書提出期限：12月10日
1次審査：12月11・12日

2009（平成21）年
技術提案書提出期限：1月16日
2次審査：1月19-22日

［提案の与条件］

プロポーザルには「技術提案書」として以下の要件が求められた。

1. 改築する3校の学校像についての提案
・板橋区の教育ビジョンを踏まえ、これから必要となる教育内容・教育形態について相応しい施設・設備のあり方について記述すること。
・各校の敷地の特性、周辺環境との調和等を踏まえた施設整備のあり方について記述すること。

2. 住民参加に対する取り組みについての提案
・限られた期間の業務となることから、ワークショップ方式の意見や要望を採り入れることが困難な状況の中、どのような方法で児童・生徒・保護者・学校関係者・地域住民の意見を引出しとりくむことができるかについて記述すること。

3. エコスクールの導入についての提案
・改築する3校について、エコを視点に考え方を記述すること。

［事業計画予定］

基本計画・基本設計：2009（平成21）年2月初旬-2010（平成22）年1月
実施設計：2010（平成22）年2月-2011（平成23）年2月
建設工事：2011（平成23）年2月-2012（平成24）年3月

三校のプロポーザル案

2次審査の結果、松田平田設計・教育施設研究所・楠山設計共同企業体が最優秀者となり、設計者として選定された。そのプロポーザル案は、技術提案として求められた与条件である、「教育ビジョンを踏まえ、これからの教育に相応しい施設のあり方を示すこと」の中で、「地域との連携」も重要視し、具体的な提案を挙げているところに大きな特徴がある。以下、この技術提案書の概要を示す。

板橋第一小学校

コンセプト──まちのゆりかご小学校

「地域の子どもは地域が育てる」という意識のもと、地域の教育力を発揮できるような機能と空間を提案している。具体的には、地域開放エリアの設置、区民講師による実技指導、PTA室の配置、屋上菜園計画などに表された［図1］。

子どもの学びについては、知的好奇心と考える力を育てること、グループ学習など多彩な学習環境に対応することなどの提案がなされた。

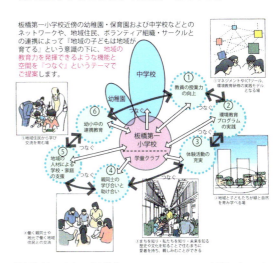

［図1］まちのゆりかご小学校のコミュニケーションおよびネットワーク

赤塚第二中学校

コンセプト——地域の巣箱となる学校

育て／育てられる関係づくりと地域を支える人材と環境を生み出す場づくりを提案している。施設提案として次のようなコンセプトを挙げている。透明性の高い施設とし、地域の生活活動に密着した交流空間を多く配置し、発表や講演などイベント開催を実行しやすい計画とする。開放ゾーンではPTA室やボランティア室、地域運営の携わる関連室を集約配置し、学校との連携に相互に協力できる計画とする。

学習環境として「メディアストリート」と称したオープンスペースが提案された。中廊下を幅広くした空間で、教科メディアコーナー、ITメディアスペース、教員のカウンターを配置するもの。自主学習、フィードバック学習を促進できる計画で、開かれた教員の居場所をメディアコーナー近くに設定し、教員と触れあう時間を増やし、学習能力向上を図る。これは後に基本設計における教科ごとの「学びの広場」につながる考え方である［図2］。

中台中学校

コンセプト——地域とともに歩み自ら学ぶ力を育む学校

学習環境として、普通教室まわりに少人数教室、学習スペース、オープンスペースを設け、少人数授業やグループ学習など多様な学習展開を受け止められる提案をしている。また各教科、各系列に応じた展示、発表、作業空間となる場を「ダビンチホール」として設け、学年を越えた学習スキルの継承、意欲づくり、自主学習を促す環境も生んでいる。これは後の教科ごとの「メディアスペース」につながる考え方である。また一人ひとりが休み時間や放課後の自分たちの居場所を選べるよう、多様な空間も用意された［図3・4］。

地域連携の環境として、地域と歴史をつなぐメモリアルホール、地域と学校をつなぐボランティアルーム、地域開放用エントランス、ユニバーサルデザインの採用など、地域に開いた施設づくりも提案されている。

改築三校調整会議

授業の運営方式や施設仕様を検討・決定するプロセス

板橋区立学校施設あり方検討会は、2009（平成21）年3月に「板橋区立学校施設あり方検討会報告書」および「板橋区の学校施設のあり方（参考資料）」を取りまとめた。これは学校施設のあり方についての基本方針や検討課題を示している

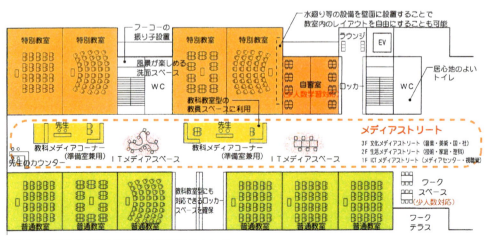

［図2］教科教室的な利用にも対応できる平面計画イメージ

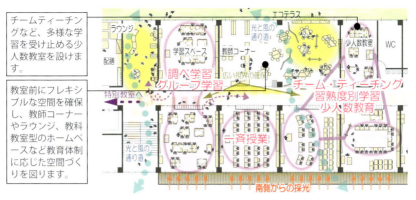

［図3］充実した学習・生活・交流を受け止める教室まわりイメージ

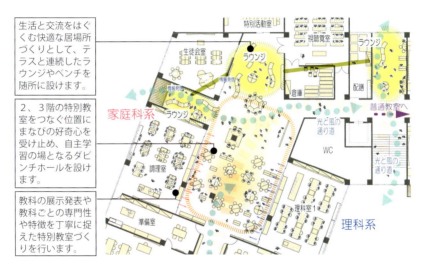

［図4］ダビンチホールを中心とした学習、生活、交流の展開イメージ

が、各校の計画において、学校規模や特色、敷地条件にあわせて、具体的な計画目標や条件を定める必要がある。そのため2009（平成21）年5月、最初に改築する3校（板一小、赤二中、中台中）にそれぞれ「改築検討会議」を設置。また3校で共通する検討課題について板橋区としての一貫した考え方をもとにした施設計画となるよう、「改築三校調整会議」が設置され、板橋区・学校・設計者の3者間が参加して、各校の施設計画の調整および決定を行っていった。また改築三校調整会議では、教育当事者の要望を把握するため、保護者、地域、教職員に対し、アンケート調査、ヒアリングが実施された。

［目的］

改築3校の具体的な計画案について、相互に齟齬がないよう調整し、基本計画・基本設計案を決定する。

［体制］

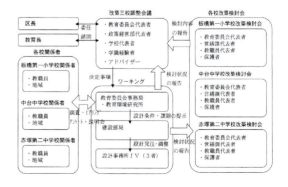

[スケジュール]

2009（平成21）年

6月：第1回教職員ヒアリング（各校）

7月：保護者・地域アンケート（各校）

8月：第1回改築三校調整会議［施設規模、授業運営方式、施設構成の検討・決定］

9月：第1回改築検討会（各校）［建替配置計画、地域利用の検討・決定］

10月：第2回教職員ヒアリング（各校）

12月：教職員アンケート（各校）

2010（平成22）年

1月：第2回改築三校調整会議［敷地周辺状況、基本理念コンセプト、建替配置計画、施設構成、各施設の考え方の検討・決定］

2月：第2回改築検討会（各校）［配置計画、平面計画、改築スケジュール、授業運営方式の検討・決定］

3月：第3回改築三校調整会議［改築スケジュール、基本設計書の検討・決定］

6月：第4回改築三校調整会議［基本理念、基本設計書、概算工事費の検討・決定］

11月：第5回改築三校調整会議［実施設計案、ICT教育環境整備、木材の利用範囲・方法、エコスクール、設計VEの検討・決定］

12月：デザインレビュー［各部のデザイン、木材利用・掲示面の検討・決定］

2011（平成23）年

3月：第6回改築三校調整会議［実施設計案の報告］

[委員]

教育委員会事務局（新しい学校づくり担当課を含む）、政策経営部、各学校長に加え、運営事務局として設計者である松田平田設計、教育施設研究所、楠山設計が参加した。学識経験者として日本大学教授で建築家の今村雅樹氏も参加している。また、会議の運営、報告書作成業務を学校施設設計専門コンサルタントの教育環境研究所が行い、長澤悟氏がアドバイザーとして参加した。

改築三校調整会議の主な議題、検討内容と決定事項は以下の通り。これらは板橋区の学校の運営や施設のあり方を示すものであり、建築基本計画、基本設計を進めるにあたり、必要な与条件である。

1. 施設計画の検討

施設規模（延床面積）の検討／学校規模（児童・生徒数、学級数）の検討／教室数の算定／施設構成の検討

2. 運営方式の検討

運営方式は板橋区立学校施設あり方検討会に引き続き、学校との意見交換をしつつ、学校施設の専門家（学識経験者やアドバイザー）を交えた議論や勉強会を進め、板橋区教育委員会としてオープンスペースの設置、教科センター方式の採用を決定した。

[オープンスペース]

壁で閉じられることのない、多目的に利用できる空間。単独で用いず、普通教室、教材室、教科ステーションなどとユニットとして配置されて、有効利用が図られる。3校ともにこのオープンスペースを利用した授業運営が可能な施設環境とすることに決定された。

[教科センター方式]

教科ごとに専用の教科教室を設け、時間割に応じて教科教室へ移動して授業を受ける形式を「教科教室型」の運営方式という。さらに、教科もしくは関連する教科教室をまとめて、教科のメディアスペースとなる多目的スペースや小教室、教科ステーション、教材室などを組み合わせて教科センターを構成する計画方法を、とくに「教科センター方式」と呼ぶ。

教科センター方式は、2つの中学校で導入されるが、生徒の生活の中心となる場所「ホームベース」の計画の違いにより、それぞれ少し違ったタイプが採用された。

赤塚第二中学校の教科センター方式
教科教室と学級活動用教室をそれぞれ別に用意する方式。施設面積が大きくなるが、生活スペースとしてのホームベース（赤二中では「ホームルーム」と呼ぶ）は従来通り座席ごと確保できる。教科教室とホームベースは別のゾーンに配置する。通称、「ホームベース独立型」。

中台中学校の教科センター方式
教科教室と学級活動用教室を1つの教室で兼用する方式。施設面積を抑えることができ、また学級数が多い場合、教科で必要な教室以外に共通教室を設けることができ、運営の弾力性を確保できる。たとえば少人数学習に利用したり、分野や教科担任ごとの教室として割り当て教えやすい環境を整えられる。生活スペースとしては、30㎡程度のホームベースを教科教室に隣接して用意し、ロッカーなどを設置する。ホームベースはまた教科教室と一体的に使用することもできる。通称、「ホームベース併設型」。

［オープンスペースの利点］
・教員同士が協力して授業の準備、環境づくりが進められる。
・普通教室では対応できない活動の場を用意できる。（教材を身近に用意できる、作業用の大きめの机を用意できる、床で活動できるなど）
・多様な教育方法、学習形態に柔軟に対応できる。

［オープンスペースの懸案］
・設計がうまくいっていない場合、設計の意図が不明確な場合、活用が進まない例がある。
・間仕切りをなくすことの懸念——掲示面が少なくなる、音がうるさくて授業にならない、子どもが教室を飛び出してしまう、死角になって安全管理ができない、など。しかし間仕切りは開閉できる建具などでフレキシブルに対応することが可能。掲示面、収納、音環境、通風、採光などは建築設計の検討を十分行う必要がある。

［教科センター方式の利点］
・教科ごとに必要な設備、什器、教材を常設でき、各教科の特性、授業のねらいに応じた環境づくりができること。
・掲示・展示を通じて学習のねらいを知り、感じながら、主体的な学習態度を身につけられること。
・教員同士が協力して授業の準備や環境づくりができること。
・幅広い交流の中で、人間的な成長を遂げること。

［教科センター方式の懸案］
・移動の流れ、持ち物の保管に配慮すること。
・クラスのまとまり、学級づくり、帰属意識がもてる場所づくりに配慮すること。
・生徒が落ち着いて学校生活を送れる、居場所が求められる。
・教科センター方式でどのような授業運営を目指すか目的を明確にしないと、うまく活用できない。
・教科教室や多目的スペースなどのプランニングを適切に行う必要がある。
・校舎全体の様子が感じられること、生徒の近くに教員の姿が見え、目が行き届くように配慮すること。

3. その他の検討

以下の要件についても、調整、決定がなされた。
配置計画／建物構成／学習環境／生活スペース／体育施設、屋外環境、施設環境／学校と地域の連携／防災拠点としての施設整備／地球環境への配慮

三校同時改築プロジェクトの特徴①

オープンスペース型、
教科センター方式のねらいと効果

長澤 悟（ながさわ・さとる）
教育環境研究所所長／東洋大学名誉教授／工学博士／三校同時改築 学識アドバイザー

板橋区の学校づくりは、まず教育理念、教育目標を教育ビジョンとして明確にすることから始まった。それに対応した施設のあり方についての検討と並行して、三校同時改築計画が進められた。行政、学校、地域、設計者、専門家などが話し合いを重ね、一貫性を保ちながら、それぞれに特色ある学校を実現した点に最大の特長がある。

その中で、教育機能の充実、豊かな学校生活環境の実現についての強い気持ちの表れが、小学校の学年オープンスペース、中学校の教科センター方式の導入だった。

オープンスペースとは

昭和40年代末、一斉授業一辺倒の画一的教育から脱却し、一人ひとりを伸ばす教育を目指して、時間・空間・集団・教科の枠を開くという意味で「オープン化」をキーワードとする学校変革の動きが現れた。多様な教育方法や学習形態に対して、柔軟性・多様性・連続性のある教育空間が求められ、教室に隣接してオープンスペースを設ける学校施設が生まれたのであった。その中に稲荷台小学校、金沢小学校、富士見台小学校など、板橋区立の学校もあった。オープンスペースを「多目的スペース」と呼び、そのための補助基準面積の加算制度が1984（昭和59）年にできてからは設置校数が増え、学校建築の形そのものや計画プロセスの変革につながった。

その後、総合学習、生きる力、少人数指導などの教育内容や教育方法に対応する教育空間が課題とされ、多目的スペースや次世代学習空間などの設置が進められてきた。その目標は次のようにまとめることができる。

①多様な教育方法・集団編成・学習形態などに対応できる自由度の高い教育空間
②興味・関心・理解度などの違いに応え、能動的・主体的な行動を生み出すために、学習材（図書・プリント・具体物）や学習成果物、コンピュータなど、多様な教育メディアが身近に用意された教育環境
③教育方法を自由に発想でき、教員の協働体制をとりやすいまとまりのある教育空間
④クラスを超えて多様な交流を生み出し、全体の様子が把握できる連続的な空間配置
⑤学習への興味を喚起するプレゼンテーション、発表、情報収集などを可能にするICT環境

オープンスペースが意図通りに活用されるためには、ホワイトボードや掲示面などを確保し、各種の机・テーブル、教材棚、可動ボード、ソファなどの多様な家具、プロジェクターやWi-FiなどのICT環境の整備が不可欠であり、また木材の活用等による居心地のよい環境づくりが期待される。オープンスペースとは廊下を広げただけの遊びや集会の場ではなく、間仕切をなくすことでもない。クラスの枠を超えた共有の学習スペースという点で、「ラーニングセンター」や「ラーニングコモンズ」と呼ぶべきものである。

オープンスペース型小学校

オープンスペースの計画は、運営とセットで考える必要がある。学級担任制の小学校では、学年

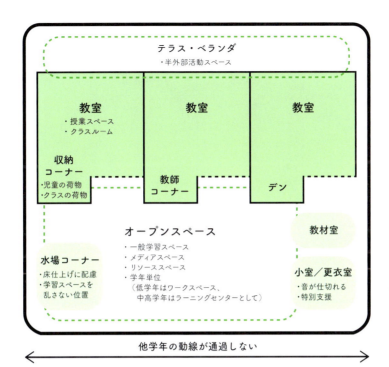

[図1] オープンスペース型小学校の平面ダイアグラム

のまとまりをもたせ、教室とオープンスペースを連続的、一体的な位置に配置することにより、教師の協働体制がつくりやすい。このまとまりに対応して少人数教室、パニックになった子どものクールダウンのための小室、教師コーナー・教材室、トイレなどを設けることにより、図書・教材や子どもたちの作品などによる環境構成や、学習集団編成、協同学習などが展開しやすくなる。1学年のクラス数が多い場合は、協力体制がとりやすいよう分節したり、小規模の場合には2学年を組み合わせたりする工夫も有効である。これらを大きな教室と考えれば、通過動線のない配置、落ち着いた音環境や居心地よい室内環境づくりが大切であることはいうまでもない［図1］。

教科センター方式の中学校

教科担任制をとる中学校では、小学校とは異なるオープンスペースの計画原理が求められる。従来一般的な中学校の計画は、小学校と同じく普通教室と特別教室からなる「特別教室型」運営方式をとる。この場合、普通教室は各教科共用のため、教科担任制のもとでは教員や教科のねらいを反映した教室計画や教室環境づくりがしにくい。オープンスペースも同様で、学年のまとまりに対して設けても、がらんとした広場にとどまる。

教科指導の充実を目的として、教科の要求に応えた教室計画、生徒の主体的、能動的な学習を促す教育環境構成ができるようにするためには、教科ごとに専用の教室を設ける「教科教室型」の運営方式が有効である。

「教科センター方式」は運営方式としては教科教室型であるが、教科ごとに必要数の教室を確保した上で、教科メディアスペースとなるオープンスペース、小人数教室、教員・教材スペースなどを組み合せてユニット＝教科センターを構成する点に特色がある。教員の協力体制のもと、多様な学習展開や必要な教材が随時使用でき、チームティーチングや教材準備を行いやすくすること

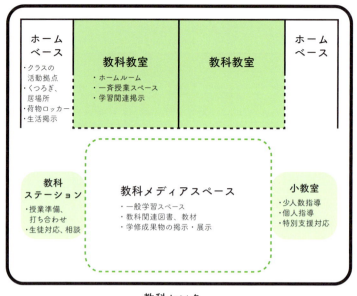

[図2] 教科センター方式（ホームベース併設型）の平面ダイアグラム

により、教科指導の充実を図ることをねらいとする。生徒の自律的な学校生活、主体的な学習態度、教科のリアリティの理解、多様なコミュニケーションなど、明確な教育的意図をもって計画される。これを、戦後の一時期、教室の利用効率を高めるために採用され、その後姿を消した、教科教室を廊下に並べるだけの計画と区別するために、「教科センター方式」と呼ぶことを提唱し、定着してきた［図2］。

教科センター方式の中学校は全国で100校程度と推定されるが、主な導入の動機は次のようなものであり、教科センター方式の特長を表している。

①教科指導を充実する、主体的に学ぶ力を伸ばす、自律的な姿勢を育てる、多様な交流を通してお互いを認め合う場とするなど、教育目標の実現を目指す。

②荒れた学校を、学習環境・多様な交流を通して立て直す。

③小規模校で、教材や生徒の作品を用意して興味・関心を高め、学習意欲を喚起する。

④小中一貫校や小中併設校、中高一貫校などでの長い学校生活に成長の節目を設ける。

教科メディアスペース

教科メディアスペースには、教科や単元に関する教材・図書・コンピュータ・学習成果物などを掲示・展示し、教科の特色や学習単元の内容に応じた学習環境づくりが図られる。それにより、教科の魅力や学習の狙いを生徒が感じ、また自ら次の教室に出向く行動を通して、学習への能動的な意識や態度が育つことが期待される。また、教科教室、教科メディアセンターにはあらかじめ、協同学習や発表など、活動形態を想定した環境のセッティングを行うことにより、さまざまな学習形態、学習集団の展開がスムーズに行える。

大切なことは、教室から移動してきた生徒たちを待ち受ける環境づくりと、それを通した生徒への学習活動への働きかけができることである。これは理科、音楽などの特別教室についても同様である。

ホームベース

教科教室型に対して、専用のホームルームがないことに対し、クラスのまとまりや生徒の居場所、授業間の移動など、生活指導上の不安や疑問が必ず出される。教科センター方式の計画プロセスにおいては、その問題や意味についてより明確に意識され、議論を重ねた上、学校運営上、施設計画上の対応が図られている。その具体的表れの一つが、個人やクラスの学校生活の拠点、居場所を確保するために設けられるホームベースである。ホームベースには生徒ロッカー、クラスの掲示面や展示棚、ベンチやテーブルなどを備え、アットホームな雰囲気づくりが行われる。また、生徒たちの手で環境づくりを行うことを通してクラス意識が強められる。

ホームベースの計画には大きく分けて、独立型（全員着座型）と併設型がある。赤二中は前者であり、ホームベースで学級活動や食事ができる面積をもつ。中台中は後者で、ホームベースはホームルームとして割り当てられた教科教室に隣接し、それ自体は全員同時に着座しないが、教室空間と一体の利用が想定される。クラス人数が多い場合、前者は面積を要するので、学校規模、計画条件、生活指導方針などに応じて選択する。

なお、ホームベースは学年のまとまりをもたせて配置することが多いが、1－3年をグルーピングして配置し、縦割り集団を組織する例も見られ、異学年交流について評価されている。

オープンスペース・教科メディアスペースの評価

オープンスペースや教科メディアスペースは、図書室やパソコン教室と連動して、次期学習指導要領に示されている「主体的・対話的で深い学び」を目標とするアクティブラーニングを展開するスペースとして、一層重要度が増すものといえる。

これらを設置する効果として、その意義や課題などについて教職員が議論を重ねるプロセスを通じて、目指す教育について全校が共通理解し、チームとしての学校体制を整え、教育改革の基盤をつくる点を挙げることができる。

とくに教科メディアスペースは、教材や生徒の学修成果物の掲示・展示や環境づくりなどを通し、学校や各教科が取り組む教育を「見える化」し、互いに高め合う学校風土を生み出す。生徒は、そこから自分たちのために先生がしてくれていること、自分が大事にされているということを実感できるだろう。自分の学修成果が評価され、ほかの生徒の目に触れることは自尊感情や自己肯定感につながると想像される。ほかの生徒の学修成果物からは、自分と違う考えや発想のあることを知り、自己中心的な考えから脱却して成長することも期待される。また、保護者や来訪者にはその学校の取り組みを目にすることができる。

教科センター方式の学校でいじめや不登校が減ったという報告をよく聞く。教科センター方式では、生徒は居場所として、前の授業の教室まわり、ホームベース、次の授業の教室まわり、トイレをはじめ移動途中のスペースをその時々に応じて選べる。それにより、人間関係が調整でき、自分の居方ができるからと考えられる。

中学校の話し合いでは、異学年が接する場でトラブルが起きるので、学年を明確に区分するよう要求されることが多い。教科センター方式では教室移動などを通して常に触れ合い、学校全体がコミュニティとなって自然な交流が生み出されている。

教育ビジョンを受けた学校づくりは、多様な学習スタイルを生み、学校生活の風景を変える。気付かなかった生徒の姿が発見できる。新しい学校世界が、新しい時代を生きる力を育てる。それは板橋区の目指す学校づくりといってよいのではないだろうか。

三校同時改築プロジェクトの特徴②

ICT機器を使い、
学びの効率化と深化を図る

ICT活用を構成する3つの柱

これからの学校に欠かせない教育設備として「ICT（Information and Communication Technology＝情報通信関連技術）機器」が挙げられる。具体的には、コンピュータやディスプレイなどの機器のことを指す。これまでの学校にも、パソコンやディスプレイなどはあったが、学校ごとに整備状況がまちまちだったり、教員ごとに知識・技術の差があったり、電子教材も未発達で、ごく限定的な活用しかなされてこなかった。

今回の三校同時改築は、そうした要請が増してゆく最中のこともあり（2010／平成22年「教育の情報化に関する手引」を文部科学省が作成）、3校すべてでICT機器の充実が図られた。なお、この3校を足掛かりに、その有効性と必要性を認識し、2015（平成27）年度には区立全小学校の普通教室、2016（平成28）年度には区立全中学校の普通教室に電子黒板、実物投影機、電子黒板操作用パソコン等を整備することになった。

を壊さずに後付けできるという利点もある。

設計段階では、天井吊り下げ型のプロジェクターも検討されたが、汎用性の高い可動式が選択された。入力は、コンピュータ、DVD／ブルーレイプレイヤー、実物投影機などに切り替えることができる。

［図1］授業の進め方を電子黒板で説明し、授業展開を素早くする（中台中・英語）

［図2］地図を投影し、マーカーで描き込みを重ねながら教える（赤二中・社会）

電子黒板

電子黒板とは、映像投影が可能で、タッチペンで画面操作のできるもののこと。ホワイトボード＋プロジェクター型、ディスプレイ型などがあるが、板橋区では前者が標準仕様となっている［図1］。また、黒板の代わりにホワイトボードにするのではなく、黒板自体はこれまで通り残し、ホワイトボード＋プロジェクターが左右にスライドする形式になっている。黒板の方がホワイトボードよりも反射しづらいため、板書は黒板を使用し、プロジェクターを使った授業展開ではホワイトボードを使用する［図2］。既存校舎に設置する場合にも黒板

実物投影機

手元を撮影し、電子黒板やディスプレイに投影することができる機器。別名、「書画カメラ」。コンピュータを通して映像投影する場合、別途デジタル教材（デジタル教科書、映像、パワーポイントなど）を準備する必要があるが、実物投影機はこれまでのアナログ教材を映すことができるため、ICTの導入に適している［図3］。「教科書のこの部分」というのを簡単に指し示せるほか、書き初めで先生の手元を生徒全員に見せることもできる［図4］。

中台中学校では、仮設校舎から実物投影機と

電子黒板を数台導入し、ICT機器に慣れるきっかけとなった。こうした入力機器は、専用の収納ワゴンに収められ、各教室に整備されている。

[図3]先生の手元を見せることで、低学年にもわかりやすくなる（板一小・国語）

[図4]書道の授業では先生の筆使いを見せる（赤二中・国語）

タブレット型パソコンと無線LANネットワーク

赤二中が竣工した当初はデスクトップ型パソコンが導入されたが、数年でタブレット型パソコン（以下、タブレット型PC）に移行した。タブレット型PCとは、タッチパネルでの操作ができるモバイルコンピューターのことで、コンセントに接続されている必要がないため、校内のどこでもタブレット型PCを使用した授業ができるようになっている。通常は可動型の充電保管庫に入っていて、授業になると持ち出して使用する。そのため、校内には無線LANも整備され、インターネットを使用した調べ物や、ローカルネットワークを使用したリアルタイム学習（たとえば、問題の答えやディベートの意見を集約するなど）を行うことができる。

将来的に、1人1台タブレット型PCをもてるようになれば、パソコン教室は不要となるが、過渡期ともいえる現在は、管理や利便性からパソコン教室をつくり、そこで作業や管理をするようにしている。板一小、赤二中は直接、中台中は廊下を挟んで図書室とつながり、書籍とインターネット、アナログとデジタルの両方で調べ学習ができるようになっている。

ICT機器導入によって得られるもの

学習指導要領では、学校におけるICT活用について、3つのシーンを想定している。
①学習指導の準備と評価のための教員によるICT活用
②授業での教員によるICT活用
③児童・生徒によるICT活用

こうした場面でのICT機器の活用が促進されていくには、機器やソフトウェアの進歩に依るところが大きい。これらは施設寿命よりももっと短いサイクルで進歩していく設備であり、施設計画の際には、スケルトンとインフィルの明確な切り分けが大切だが、これを一緒に考えるメリットも大きい。たとえば、電子黒板のように大きなICT機器は後から付けると構造補強が必要になる場合があるが、3校では設計時から設置を想定したことで、構造や仕上げの面はもちろん、使いやすい計画となっている。そのほかにも、無線LAN環境や電源を十分に整えるなどして、実際の使用者である教員や生徒がストレスなく使えるように配慮した。

また、ICT機器の活用はあくまでも手段の一つであって、目的ではない。しかし、こうしたツールを適所で使うことで、より多彩な授業展開が望めるだろう。たとえば、イメージしにくい理科の現象を映像で見せることで生徒に興味をもってもらえるかもしれないし、準備や板書を省時間化することでより多くの情報に触れたり、授業を踏まえて議論をすることも考えられる。多様な授業展開を可能にする「教科センター方式」「オープンスペース型」にとって、ICT機器の充実・活用はとても親和性の高いテーマといえる。

三校同時改築プロジェクトの特徴③

木のぬくもりに包まれた都会の学び舎
木の学校に刻まれた物語

東京の公立学校でできる環境教育

環境教育は、昨今の教育における主題の一つであり、学校施設も大きく寄与することができる部分である。屋上緑化やビオトープ、緑のカーテンなど、取り組みはさまざまだが、中途半端な取り組みは逆効果になりかねない。いずれにしても、環境保護同様、継続して管理ができることが重要だ。そうした取り組み方の一つとして、学校の木質化が挙げられる。

学校建築において、校舎の不燃化・耐震化は長らくのテーマであった。そのため、木造→木造モルタル仕上げ→鉄筋コンクリート造、と学校のつくりは変わり、より燃えにくく丈夫な学校が目指されてきた。1975（昭和50）年頃に鉄筋コンクリート造化が促進され、板橋区でもこの潮流にのることとなる。しかし、鉄筋コンクリート造化が徹底されるようになった昭和の末頃、教育方針が詰め込み型からゆとり型へ移行したことに呼応するかのように、学校校舎も工業的で触っても冷たい鉄筋コンクリート造でよいのか、という見直しが起こり始めた。そうした中、建築技術の向上も相まって、防火基準・構造基準を満たした木造校舎が改めてでき始める。あたたかみのある空間で学び生活することの大切さはもちろん、地産材の利用や地域の伝統技術継承なども意図してのことだった。ただし、都市部の公立学校は、どうしても複層化しなければならないため、なかなか木造校舎を建設することは難しく、構造は鉄筋コンクリート造とし、仕上げに木材を使用した校舎が選択されている。

日光市にある「板橋区の森」

木材の活用は、2008（平成20）年度板橋区立学校施設あり方検討会にて提案がなされた。その際、板橋区と交流・提携している姉妹都市等の木材の積極的使用もあわせて提案された。これを受け、2009・10（平成21・22）年度の改築三校調整会議にて、日光市にある「板橋区の森」の木材を使用するという具体案が検討された。

板橋区の森とは、遡ること30余年前、1983（昭和58）年に、板橋区と栃木県栗山村の間で「みどりと文化の交流協定」を締結したことに端を発する。協定締結10周年となった、1993（平成5）年に、栗山村より板橋区に分収造林の権利が寄贈され（造林者が土地所有者の許可のもと、植林・育成して収益を分収する制度で、板橋区は植林・育成する権利を得た）、約12.7ha、約41,600本の板橋区の森が栗山村に誕生した〔図1〕。協定締結後は、栗山村での環境学習や、学生交流、板橋区森林ボランティアによる森の維持作業を行うなどしてきた。その後、栗山村は2006（平成18）年3月、平成の大合併の流れで日光市と合併。板橋区は同年11月に日光市と改めて「みどりと文化の交流協定」を締結するに至った。

今回、三校同時改築にあたり、この板橋区の森の木材を使用することが提案として挙がったが、まだ建材として使用するには若く、使用が難しいことがわかった。板橋区では、毎年小学6年生が移動教室で日光市を訪れて身近に親しんでいることもあり、学校建築への木材供給を日光市に相

［図1］日光市の「板橋区の森」

木材でつながる都会と森林

単に市場に出回っている木材を使用し木質化された校舎よりも、身近に親しんだ地域から、木材を供給いただけたことは大きい意味がある。そう長澤悟氏は語り、「仮想流域構想」という考えを示してくれた。かつて、江戸の時代までは河川が人の移動や物流の中心を担っており、人々は流域でつながっていた。川上で切り出した木材は川下の製材所で加工され、山の環境が海をつくり、河口付近の漁業を支えていた。一方で、都市部で産業が成り立つことで、山間部に富が還元されるなど、複雑なネットワークと物語が流域ごとに存在していた。現代において、資源が少なく自然環境に触れる機会の少ない都会と、資源豊かな地方がつながりをつくることで、森林保全や環境教育、伝統継承といったよい循環を生めるのではないか。そうした意味で、今回の「木の学校づくり」は広がりをもったプロジェクトとなった。

談したところ、快諾していただき、「木材の使用と環境教育についての覚書」を締結。今後の学校施設整備に使う木材について、日光市産木材の使用に努めることとなった。

伐採の際には板橋区職員が赴き、1本ずつ伐採する木を選定し、切り出していただいた。切り出した木は約1年の製材・乾燥を経て板橋区へと運ばれ、校舎に使われた。とくに今回は、通常よりもなるべく無駄なく木を製材・使用することを考え、製材所や家具メーカーの協力を得て、無節の木材はルーバーなどに使用し、節のある木材も下駄箱や机、棚などにうまく使用した。そうして、豊かであたたかみのある空間を板橋区の学校でつくることができたのであった［図2-5］。

［図2］学校の見せ場となるハレの空間には無節のきれいな木材が使用されている（赤二中）

［図3］節の多い木材を使ってつくられた下駄箱は色調が濃く、よりあたたかみが感じられる（中台中）

［図4］図書室の本棚や円形の閲覧スペースも日光市産の木材で造作された（板一小）

［図5］3校のエントランスには日光市産の木を使っていることを示すモニュメントが設置されている（赤二中）

三校同時改築プロジェクトの特徴④

学校づくりはまちづくり

学校づくりからまちを考える

近年、多くの自治体が、少子高齢化や人口減少という社会状況と、高度経済成長期に建てた多くの公共施設やインフラの老朽化という二重苦に直面している。都市化の恩恵を受ける23区も例外ではない。しかし、これから使用者が減り、財政も縮小していくことがわかっていても、使用者のために公共施設やインフラを維持更新していかなければならない。そうした課題の一つの解決策として、公共施設の複合化が挙げられている。複合化することで建設費や維持管理費を節約するというねらいである。そしてその中心となるのが学校だ。一定の広い面積を有している一方で、少子化により必要面積の縮小が考えられること、学区域という一定規模のエリアごとにあることがその主な理由である。こうした複合化からひるがえって、地域単位で、未来を担う子どもたちを教育していく志向が強くなるといいだろうとも考える。

地域の人に身近な場所として

学校を複合化していくということは、学校の敷地内に学校関係者ではない人が入るようになっていく、ということである。今現在は、基本的に敷地内に部外者が入れないものであるが、複合化する場合、学校のセキュリティを考えなくてはいけない。今回の三校同時改築では、まだ別機能との複合化はなされていないが、体育館・和室・PTA室など、地域開放のニーズが高いエリアを切り離してセキュリティを設け、児童・生徒の安全を確保しながら地域開放ができるようにした。

赤二中では、敷地の広さや起伏ある地形を活かして地域開放玄関を設け、体育館・和室・PTA室が開放できるようになっている。中台中では、もともと体育館が既存・別棟であったため、この部分のみの開放が基本だが、新校舎内にある和室や図書室も開放できるように校舎中央に木格子のセキュリティ扉を設けている。板一小では、体育館に地域開放専用のアクセス経路を設けているほか、シルバー人材センターの会員が来客受付として常駐している。

また、板橋区では「あいキッズ」という放課後対策事業を行っている。これは放課後子ども教室と放課後児童健全育成事業を一体的にしたもので、板橋区内の小学校で教室や校庭を利用して行われている。板一小では、このあいキッズスペースを正門近くの1階に設けた。

学校を防災拠点に

学校は、地震や台風、豪雨などの災害発生時に、児童・生徒等の安全を確保するとともに、地域住民の応急避難場所となる。東日本大震災を受け、文部科学省は全国の学校施設を地域の防災拠点として整備していく方針を固めた。これから学校は、物資を備蓄し、非常用のトイレや通信設備も備え、避難所としての機能を充実させていくことになる。

これまでも学校は地域の応急避難場所となってきた。赤二中も、東日本大震災の時は地域住民ではないが、川越街道を歩いて埼玉へ向かっていた人たちが休憩場所を求めて赤二中を訪れ、100名以上の帰宅困難者が改築前の体育館で一夜を明かしたという。「3月の東京とはいえ夜は寒さが厳しく、不安と疲労、空腹が募る中、暖房のない体育館で過ごした一晩は大変に厳しい状況だった」と稲葉前校長は振り返る。赤二中

に限らず、近年の災害発生時において、学校施設の防災機能についてはさまざまな課題が指摘されてきた。たとえば、体育館の天井が地震によって脱落し、避難所として使えない。または避難生活の長期化による学校教育活動との共存などである。そこで赤二中では、災害に強い建物にするとともに、体育館に暖房を完備し、防災拠点機能と教育活動機能が共存できる動線・ゾーニングが計画された［図1］。また赤二中のある成増地域は、地形的特徴に起因する自然災害として、台風・集中豪雨による住宅浸水が挙げられる。その対策として、雨水を一時的に貯留する1800 tの雨水調整機能が整備された。

避難生活と教育活動の共存、トイレ不足の解消

学校では災害が発生すると、必要に応じて被災者の緊急避難の受け入れが始まる。その後、数日間の生命・安全の確保のため、数週間の生活機能や、食料、飲料水、燃料、毛布、ストーブなどの備蓄や、本部機能・居住スペース・配給スペース・日常生活スペースなどの確保が必要となる。こうした事態に対して、赤二中の施設計画において過去の災害を教訓に、以下のことが考えられている。

①あらかじめ避難住民がどの部分を利用するのかを想定する
②避難住民1人当たりに必要な広さ（2-3㎡）を確保する
③避難生活に必要な洗面、トイレ、更衣、シャワー、炊事、洗濯等のスペースを近くに集約する

避難住民をスムーズに受け入れ、避難生活と教育活動の動線が交錯しないように配慮されているのだ。地域住民の避難受け入れ場所は、地下1階の地域開放ゾーンを中心に整備し、避難スペースの拡張もできるプランとなっている［図1］。また、和室も開放エリアに入れることで、非常時には救護室として使えるため便利である。

また避難所でとくに問題になるのはトイレと通信機能である。その対処として、汚水の貯留槽を敷地内に整備し、マンホールトイレを設置している。また改築3校では採用に至らなかったが、プールの水をトイレの水洗に使えるよう配管やポンプを整備することで、水道が使えなくなった場合の備えにもなる。さらに災害対策本部と連絡をとるための災害時優先電話や、自家発電機などの設備も設置している。

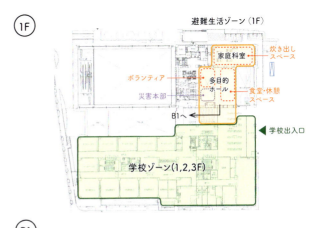

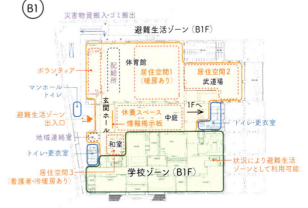

［図1］避難生活と教育活動が共存できるゾーニング（赤二中）

災害本部機能は学校との連携を重視し、1階多目的ホールに備える計画。避難所運営について、教職員と地域住民の自治防災組織の間で避難者誘導や炊き出しなどの役割分担を明確にする必要があり、今後、教職員らが児童・生徒の安全確保や学校運営に加え、被災者対応も視野に入れる必要がある。

学校解説

板橋第一小学校

板橋区型
オープンスペース2.0

あたたかで大らかな空間を目指して

板橋区で最初の公立小学校

中山道第一の宿である板橋宿・仲宿に位置する板橋第一小学校（以下、板一小）は、板橋区内で一番最初につくられた公立小学校である。1874（明治7）年設立で、開校からは140年あまりが経つ。そのため、曾祖父母の代から、四代続けて通う児童もいるほどで、地域との関係も一際厚い。

　そんな歴史ある板一小の校舎は、140余年の間で4回変わってきた。最初の校舎は1885（明治18）年竣工の木造校舎（それまでは近くの寺や個人宅を使用していた）。1907（明治40）年には現在の敷地に新校舎を建築。その後は児童数の増加に合わせて土地の買い増しと増築を繰り返し、1965（昭和40）年には現校舎の前身となる鉄筋コンクリート造の校舎ができた。

学ぶ姿勢を育む校舎

前章でも触れたように、高度経済成長と人口増加・集中にあわせて、標準設計による教育空間の画一化が起こり始めたのが昭和30－40年頃。約8m×8m、高さ3mの教室は四方をほぼ壁・窓で囲われ、教員は少し高くなった教壇に立ち、児童はグリッド状に並んだ机・イスで同じ方向を向いて授業を受けていた。一斉授業には適した空間ではあるが、じつはそれ以外の使い方が難しい空間だった。

　一方、時代の要請は、学力に加え「生きる力」を学校でも学ぶ方針へと転換してきている。そのため、授業も、これまでの一斉授業や暗記教育から、より多様な展開を全国的に試み、模索している。教育指導要領における、1998（平成10）年「総合」の授業の創設、2020（平成32）年「アクティブラーニング」の概念の導入など、その潮流は止まらない。

新しいオープンスペース型を目指して

板橋区では、第一期の改築時代（昭和40－50年代）において、オープンスペース型に取り組んできた。しかし、この当時はまだ過渡期であり、未成熟な計画が多かった。たとえば、教室と廊下の間仕切りはこれまでの学校と同じく前と後ろ2カ所に出入口がある形式で、一体的な利用は難しかった。教室から出ると広い廊下がある、というイメージだ。校舎が広い分にはいいが、教員からは音や視線が気になるという反応もあった。学校建築の計画学が途上であったことや、具体的な活用方法も模索段階で、教員・地域の理解も不足していたことが原因だったと思われる。平成になって改築された大谷口小学校は、また異なる形式のオープンスペース型で、ここからもさまざまな知見が得られた。

　奇しくも、本プロジェクトの監修を行った長澤悟氏が板橋区のオープンスペース型小学校の活用実態を研究していたこともあり、その知見を活かした新しい学校づくりが実施された。

[区内で最も古く活気ある町の小学校]

板一小の通学区域は同区の東端にあたり[p.6−7参照]、児童数434名、教員数36名の学校だ（2017／平成29年3月時点）。

板橋区内で最も歴史のある小学校で、古くは北東に位置する仲宿が栄え、昭和以降は南西に位置する大山が栄えるなど、区内でも常に活気ある町の近くにある、低層の住宅地に位置している。卒業後は、板橋第一中学校、板橋第三中学校、加賀中学校などに行く児童が多い。

最寄りの駅は、東武東上線の大山駅か都営三田線の板橋区役所前駅。大山駅には全長560m、1日の通行客が2万人という区内最大のアーケード商店街「ハッピーロード大山商店街」があり、1日中活気の絶えない町である。また、板橋区役所前駅直結の板橋区役所からは500m程の距離にあり、区との連携を考えても、板一小が新しい学校づくりのリーディング校になるメリットは大きかった。

学校横には中山道と首都高速道路が走っており、空気環境・音環境を守ることが計画時の一つのポイントとなった。改築順の算定には、校舎への負荷を想定して、幹線道路からの距離や、増改築歴なども勘案されており、ほかの古い学校よりも早くに着手されることとなった。

地形的には、武蔵野台地の中ほどに位置しており、比較的平坦な場所にある。近くには石神井川が流れており、氷川つり堀公園では釣りができるなど、自然に触れる機会も多い。また、近くには板橋区立文化会館やグリーンホールなど、区内でも大きな文化施設があり、文化面でも恵まれた環境にある。

[**水平に伸びる白亜の旧校舎**]
板橋第一小学校・旧校舎の様子
（2009／平成21年頃）

1965（昭和40）年竣工の旧校舎は、東西にやや伸びた長方形の敷地の北側に、真一文字に建てられ、日差しのとれる南側に校庭を設けていた。ロの字型やL字型の校舎が多い中、横長なI字型の校舎は板一小の特徴であった（その後、体育館・プールが短手側に増築された）。

校庭の隅には、板一小が移転してくる前よりあったといわれる、樹齢100年を越す大きなイチョウが屹立しており、学校のシンボルツリーとして長く愛されてきた。改築にあたっても、イチョウの木との関係性を軸に建築計画が練られることとなった。

東側、中山道と首都高速道路に面して、体育館とプールが別棟で建てられていた。もともと、京都－東京間の主要道路であった旧中山道は、戦前より拡幅工事が行われていたが、板橋宿付近は密集が激しく土地取得が難しかった。そのため、平行して新たに中山道がつくられることとなり、板一小の真横に自動車交通のための中山道が走ることとなった。また、1977（昭和52）年には北池袋－高島平間の首都高速道路が建設され、校舎は後天的に車の排ガスや騒音にさらされることとなった。

校舎は1階に職員室や昇降口、給食調理室などの諸室が充てられ、2・3階に1－6年生までの教室が並んでいた。教室数は1学年2クラス、最大12クラスであった。特別教室は2・3階の両端に配置されており、どの学年も、専科の授業移動の際には、他学年の前を通過していかなければならなかったのが改善点として挙がっていた。

2階平面図

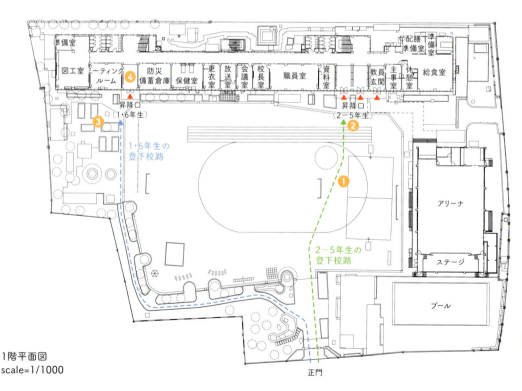

1階平面図
scale=1/1000

学校のシンボルツリー・大イチョウ
① 校庭 ②　菜園 ③　昇降口（1・6年生）④
教室・黒板周り ⑤　教室・教卓周り ⑥　教室・壁面収納 ⑦
教室・背面壁掛けフック ⑧　教室・掃除用具入れ周り ⑨　教室・廊下側壁面 ⑩　2階・廊下 ⑪　2階・廊下ガラス ⑫
2階・流し ⑬　2階・図書室 ⑭　3階・ランチルーム ⑮　3階・特活室 ⑯　3階・音楽室 ⑰

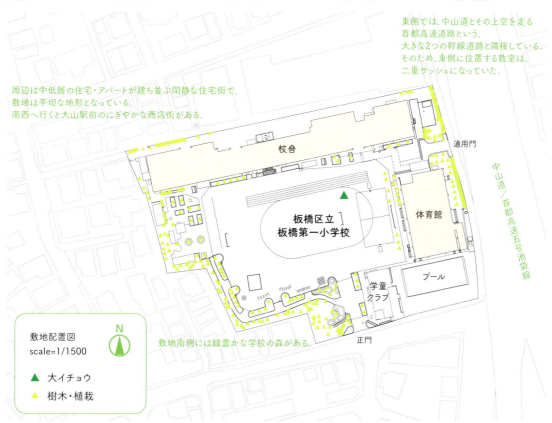

東側では、中山道とその上空を走る
首都高速道路という、
大きな2つの幹線道路と隣接している。
そのため、東側に位置する教室は、
二重サッシュになっていた。

周辺は中低層の住宅・アパートが建ち並ぶ閑静な住宅街で、
敷地は平坦な地形となっている。
南西へ行くと大山駅前のにぎやかな商店街がある。

敷地南側には緑豊かな学校の森がある。

敷地配置図
scale=1/1500

▲ 大イチョウ
▲ 樹木・植栽

板橋第一小学校

板橋第一小学校改築プロジェクトのスケジュール・プロセス

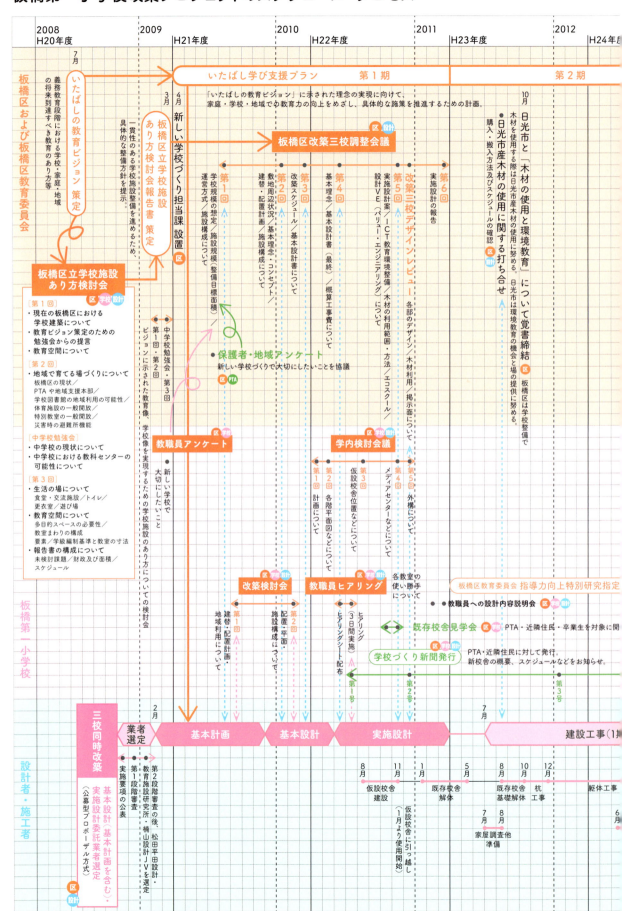

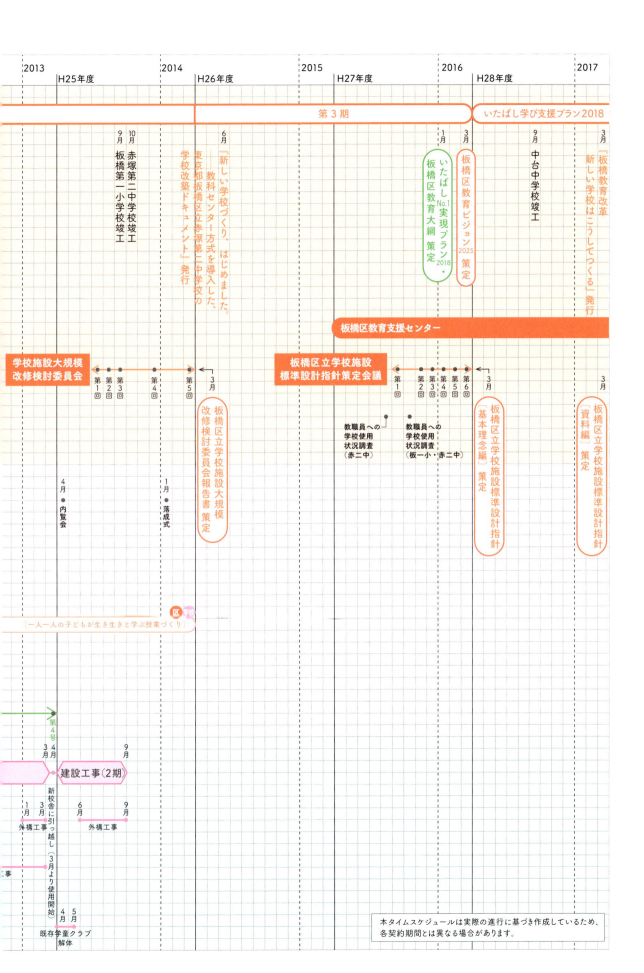

[**大イチョウとともに
時を刻む小学校**]

板一小の配置計画を検討する上で、重要だったのがイチョウの大木である。児童の学習空間が健やかであると同時に、この木を回避して、仮設校舎を建て、改築工事を行うことが考えられた。結果として、校舎はこれまでの配置を踏襲することとなり、正門・通用門の位置もそれぞれほぼ同じ位置に設けられることとなった。また、イチョウのみならず、南側にも「学校の森」として、大きな既存樹や池があり、これらを残しながらの改築プロセスが計画された。

一方、配置計画を進める上でもう一つ大きかった与条件が、いかに幹線道路からの影響を減じるか、であった。既存校舎の幹線道路側には、2・3階建て程度の高さで校舎と離れて建つ体育館と、屋外プールのみで、幹線道路の影響をほとんどそのまま受けていた。そこで、今回の改築計画では、東側の建物で幹線道路の排ガスや騒音をブロックするように計画された。そのため、校舎東側は多層化が考えられ、体育館が2階に、プールが屋上（4階）に設けられることとなったのである。

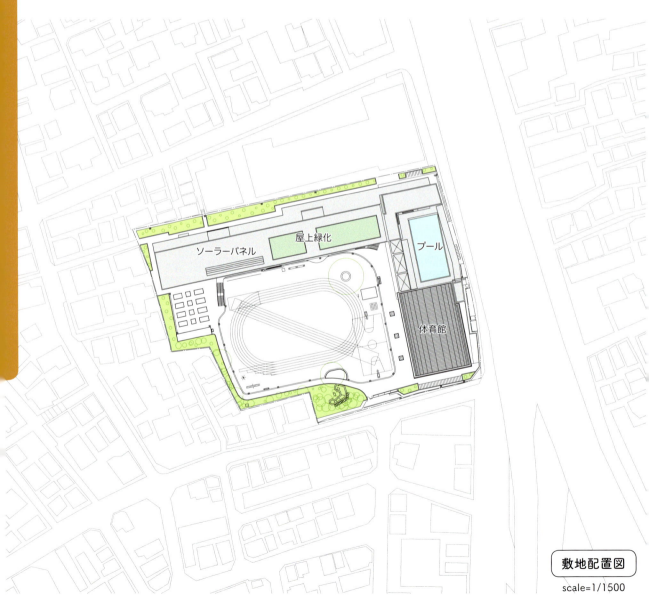

敷地配置図
scale=1/1500

- 低学年教室
- 低学年昇降口
- 多目的ホール
- 職員室
- あいキッズ

職員室や保健室などの管理諸室、低学年教室・昇降口、多目的ホール「いちょうホール」が入る。正門に近い部分は板橋区の放課後対策事業「あいキッズ」向けのスペースになっており、通常の学校生活で児童は使用しない。

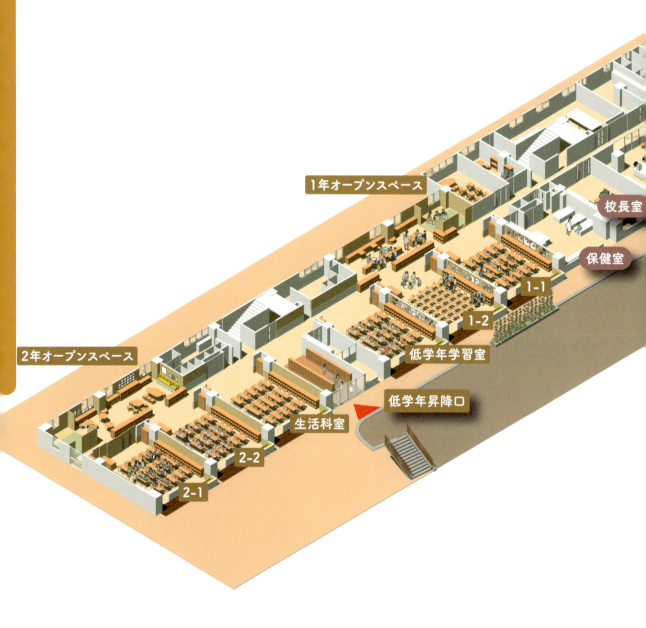

［いちょうホール］ホールの半分は吹き抜けの大階段で、もう一方がランチルームになっている。机・イスを片付ければ学年単位での集会も可能。

2階の中高学年昇降口へ上がるための階段。人を吸い込むよう緩やかなアールを描く。

［1年生オープンスペース］突き当たりに見える畳敷きの小上がりが「デン」。

［1年生教室］全教室共通でICT機器が備え付けられているほか、教卓も大きめにつくられている。
教室内に流しがあり、校庭に直接出られるようになっているのが低学年教室の特徴。

［いちょうホール］大階段は、来校者向けの動線になるほか、観客席にもなるように階段の高さが設計されている。

横長の窓が板一小の特徴。3階の窓にはライトシェルフ（中庇）を設けることで、なるべく校舎の中まで陽の光が届くように配慮した。

板橋第一小学校

- 中高学年昇降口
- メディアセンター（図書室＋パソコン教室）
- 理科／図工／家庭科／音楽
- 体育館

中高学年は、校庭から階段を上がって2階テラスにアクセスし、校舎に入れるようになっている。
長手側の中央にメディアセンターが配されており、すべての学年がアクセスしやすいようにした。
特別教室はすべて2階に集めており、メディアセンターを中心に、左右に位置する。
体育館へは、教室棟からとは別に、地域開放の際には裏手の階段から利用者がアクセスする。

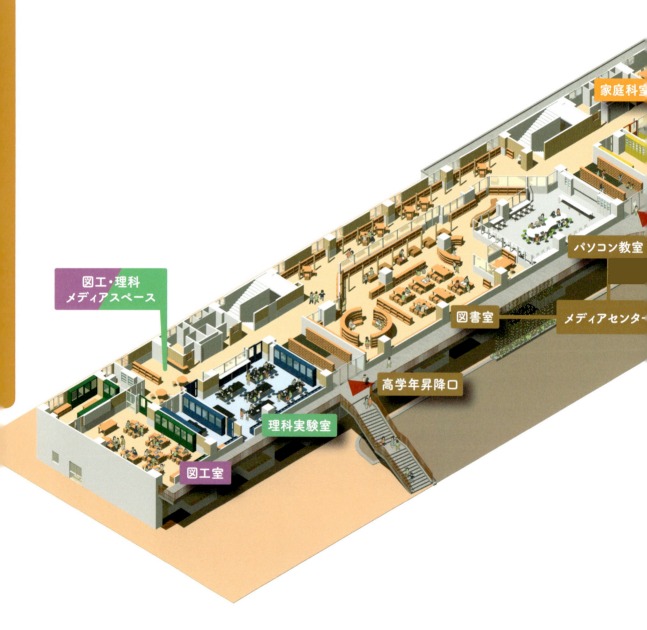

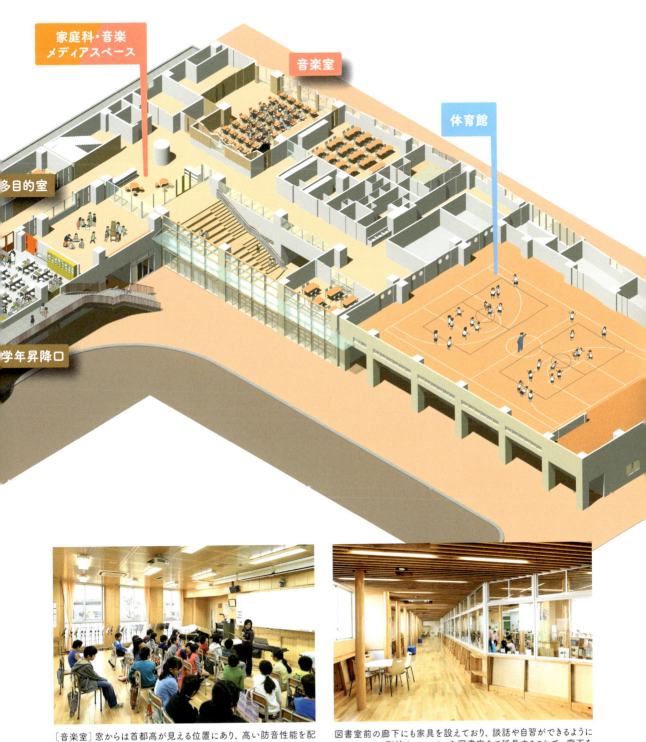

［音楽室］窓からは首都高が見える位置にあり、高い防音性能を配した。フラッターエコーを抑えるために、壁面は雁行したデザインになっている。

図書室前の廊下にも家具を設えており、談話や自習ができるようになっている。列柱やルーバーを図書室まで延長することで、廊下を歩く児童にも「メディアセンター」の存在を意識させる。

［図書室］木のぬくもり感じる空間で、児童たちは思い思いの場所を見つけて読書をする。

［体育館］改築前は1階にあった体育館を2階に配し、幹線道路の影響をブロックする壁とした。
窓は自動制御となっており、室温・気温・風速を感知して自動で換気を管理する。

［2階テラス］中高学年は2階テラスから各々の昇降口にアクセスする。

特別教室はすべてガラス張りになっており、ここでも「オープンな学校」が意識されている。

中高学年教室
プール（4F）

中高学年の教室は一直線で横並びになっている。
校舎北側には階段が3つあり、学年ごとに決まった階段を使うことで、動線をきれいに分けている。
かつて正門横にあったプールは、校舎屋上に移動した。

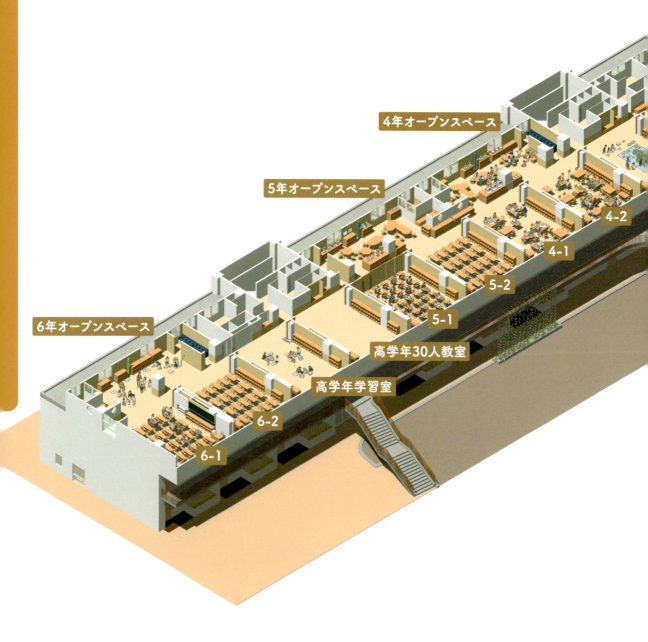

オープンスペースと教室を一体で使用した授業。机・イスを自由に使って、学びやすい場所を自分でつくり、学習している。

廊下は一直線になっており、視界や風が抜けるようになっている。

［オープンスペースと教室］廊下もオープンスペースの一部として使える計画としたため、広く感じられる。
ほかのクラスがオープンスペースで学習をしていても、板一小の児童は気にせず授業に集中できるため、扉を開放したまま授業を受けている。

板橋第一小学校の特徴

ゾーニング計画

6学年がよどみなく移動できる、流れのデザイン

移動階を2階にし、学年のゾーンを明快に
旧校舎では、1階に昇降口、2-3階に全学年の教室が横並びで配置されており、専科の授業の教室移動の際にどうしても他学年の教室の前を通らなければならなかった。細長い校舎では回遊性をもつのは難しいのだ。だが、やはり他学年が通ると気になるし、授業中の移動音によって集中が妨げられるから、これをどう解くかが考えられた。その答えが、2階に中高学年昇降口を設け、専科の特別教室を集約する、というものだった。

中高学年は、2階の昇降口から校舎へ入り、それぞれの専用階段で3階の教室へと上がる。専科の特別授業へ行く際は、階段で1フロア下り、2階で横移動をするため、ほとんど他学年の教室前を通ることはない。

低学年は、1階に昇降口と教室があり、1フロアで完結するようになっている。隣りには職員室、保健室といった管理諸室もあるので、変化があれば直ぐに対応が可能だ。低学年の教室を校庭と近くすることで、低学年が外に出やすいよう配慮されている。

また、学年の教室を1階と3階に振り分け、2階に特別教室を設けることで、各学年が、日常生活を、基本的に二層で行うことができる。小学校の短い時間割の中では、移動距離が短くなるメリットは大きい。かつ、他学年の教室の前を通る機会が少なくなるように階段を配置することで、教室前の廊下を学年の専用エリアとして使うことができ、教室とオープンスペースをより一体的に利用できる仕掛けとなっている。

学びの中心を学校の中心に据える
学年の教室を1階と3階に振り分けるメリットは、動線だけではない。三校同時改築で、3校すべてに共通して設けている学びの中心「メディアセンター」を学校の中心である、2階の長手側中央に据えることができた。大きい空間が必要なので、つい学校の端に寄せられがちなメディアセンターを学校の中心に位置させることで、児童に身近な存在となり、何気なく使われる機会も増える。物理的な距離・位置と、心象的な距離・位置は関係するもので、児童に身近に感じ、日常的に使ってもらえるように考えられた。

地域のシンボルツリーを囲み、まちに開く
先にも取り上げたように、シンボルツリーのイチョウの木を残すことが地域住民からも望まれた。そのため施設配置は、イチョウの木を避けて、既存校舎と同じように配置した。また、東側に迫る中山道と首都高の影響を緩和するために、東側には壁となる大きなボリュームが必要になった。そこで、正門に近い1階には「あいキッズ(板橋区版放課後対策事業)」を配し、その2階に体育館を、4階にプールを載せることで、主たる学習環境や校庭の環境を守るための壁をつくっている。

また、いたばしの教育ビジョンでは、これから

[図1] 板一小のゾーニング

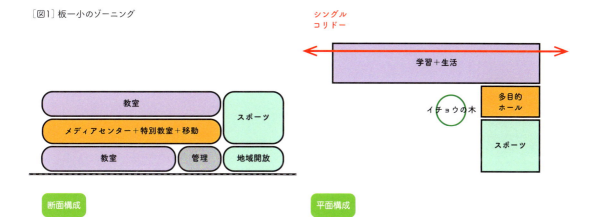

[2階廊下] 右手が高学年昇降口、左手奥にメディアセンターが見える。

の教育をつくり上げていくためには、家庭、学校そして地域の3者の連携が欠かせないとしていた。そこで三校同時改築プロジェクトのプロポーザルでは、3者の連携を強めるため、学校が学習・生活・交流を促進する拠点となるような提案が設計者からなされた。具体的には、地域の生涯学習拠点としてセキュリティなど安全に配慮しながら地域開放を行うこと、メディアセンターや多目的ホール（ランチルーム）を積極的に地域開放し、「まちに開いた」学校づくりとすることだった。来校者の出入口は1階に設けられているが、保護者会など大勢の来客がある場合には、「いちょうホール」と名付けられた多目的ホールの窓を開放して出入口として使用できる。この「いちょうホール」は、イチョウが実をつける季節に開催される「板一まつり」の際にも、校庭と一体で活用されるなど、さまざまな交流の場としての利用が実現した。

板橋第一小学校の特徴

平面計画

多様な学習形態を可能にする小学校の教室まわりを考える

さまざまな活動を受け入れる器として

1975（昭和50）年前後から、多様な教育方法や学習形態に柔軟に対応できる教育空間として、オープンスペースをもつ学校がつくられてきた。板一小では、そうした考え方を引き継ぎ、オープンスペースの配置計画を工夫し、機能の充実を図ることで、よりよい学習環境をつくっている。また、教室に隣接したオープンスペースのほかに、特別教室にも隣接したオープンスペース（メディアスペース）を設けており、各教科での多様な活動や掲示・展示がなされる場所を確保している。

教室・オープンスペースの平面計画

板一小では、8.1m×7.9m角の教室寸法を基本に、1学年2クラスごとに廊下部分を含め奥行き約7.5mのオープンスペースを設けている。

低学年の教室は1階に配され、1階の昇降口から校内へ入る。1年生は右に、2年生は左に分かれ、学年のエリアに直接アクセスする。

各教室には校庭側に流しとテラスを設け、オープンスペースには「デン」と呼ばれる隠れ家的な小空間を設けている。こうした空間は、壁の一部をくぼませたアルコーブなどとともに、児童の気持ちが落ち着く場所として位置づけられている。

中高学年の教室は3階に配されている。中学年は2階東側の昇降口から、高学年は2階西側の昇降口から校内へ入り、専用階段で3階に上がる。3階では、学年ごとのエリアにアクセスする形になっている。体育館などへの水平方向の移動は、メディアセンター（図書室、パソコン教室）を中心に学年共用の特別教室が並ぶ2階で行い、学年エリアを他学年が通らぬよう動線が分離されている。

オープンスペースには流しコーナーと小室、談話コーナーを設け、一斉学習、少人数のグループ学習、自習などに対応できる設えとしている。また、オープンスペースを使った能動的・主体的な学習を支える教材や掲示物を収納し、管理できるような教材室を設けている。

学年学習室の配置計画

2クラスからなる学年ユニットに対し、教室と同じ大きさの学年学習室を設けている。少人数指導など、多様な学習形態への活用や体育更衣室としての利用、教室に転用し児童数の変化への対応を図っている。

2クラスの間に学年学習室を設け、教室からアクセスできるようにする考え方もあるが、オープンスペースの一体的な活用を重視した。

現在は、低学年は3クラス編成のため、学年学習室を教室として使用している。一方、中高学年は机・イスを備え付けて、少人数展開の授業に使用したり、家具を何も置かずに授業ごとに自由に使ったりしている。

[図3] 板一小の学年エリアと学年ユニットの構成

板橋第一小学校

板橋第一小学校の特徴

オープンスペース

「なんとなく近くに感じる」を生み出すオープンスペース

　板一小のオープンスペースは、各学年、2クラスごとに普通教室に隣接して設けられている。他学年の前の廊下を通らずに教室移動できるという動線計画の特性上、各学年による廊下の占有性が高い。そのため、廊下（2.5m）もオープンスペース（5m）と一体的に使用できるため、約7.5mの奥行きの、ほぼ2教室分の面積を実質的なオープンスペースとして活用できるようになっている。

　すべてのオープンスペースには共通で流しコーナーが付いており、書道や図工の授業時の移動時間省略や、給食時の混み合いを避けられる。1階の低学年のオープンスペースにある「デン」は、ちょっとした隠れ家的な空間として、また読み聞かせやかるた、百人一首ができるスペースになっている。3階にある中高学年のオープンスペースには、少人数での学習指導や子どもたちの居場所にもなる談話コーナー、クールダウンにも使用できる小室が設けられている。

　教室と廊下の間は6枚の引き戸になっており、授業の展開に応じて、全開放してオープンスペースと一体的に使ったり、集中する授業やテストの際には閉じて使うことができる。

　当初、教員も音や視線が気になるから開放は難しいだろうと考えていたが、半年もすれば教員も児童も気にならなくなったという。今では、テスト時などを除き、基本的には引き戸は開放されている。クラスがオープンになることで、隣のクラスで起こっていることもなんとなくわかり、学年教員間の連携もしやすくなる。また、児童は違うクラスの授業を見て興味の枝葉が伸びたり、教員や児童も見られる、聞かれていることで授業にいい緊張感が生まれ、いい変化がでてきている。

中高学年のオープンスペースに設えた談話スペース。

低学年のオープンスペースに設えられた「デン」。
将来的に不要になった場合は撤去できるようなつくりになっている。

オープンスペースを使った授業①。
1−4：教室とオープンスペースを一体的に、広く使って、理科の実験をダイナミックに展開する。
5・6：オープンスペース内には教員が準備したさまざまな教材が置いてある。オープンスペースに教材が置けることで、授業効率も図れる。

オープンスペースを使った授業②。7：オープンスペースに貼られた資料を見て、自分なりにまとめていく。8：大きな地形図も使えるのがオープンスペースの強み。ちなみに地形図は教員のお手製。

板橋第一小学校　71

板橋第一小学校の特徴

家具計画　一つの家具から、協働を考える

　オープンスペースの多様な利用を促すのが、そこで使われるテーブルやイスなどの家具である。

　ランドセルや授業道具を入れる個人ロッカーは、6人で1台の可動式ロッカーが使われている。通常の教室同様、教室の後ろに配置されているほか、オープンスペースにも置かれており、収納量は通常の学校の2倍だ。授業形態によってその配置を変えており、たとえば、夏休みの自由研究を展示する際には展示台になるし、高学年の児童にはちょっとした物書きのできる台としても使える。変わり種として、授業でアーチ橋を作ったときには脚橋にもなる。また、可動式ロッカーを学年学習室へ移動させて、オープンスペースを広いワンルームとして使うときもある。そもそも、ロッカーを通常の2倍用意したのは、机横に荷物を掛けないための配慮で、机を軽く動かしやすくすることで多様な授業展開が容易にできるように考えた。

　オープンスペース用のテーブルはすべてキャスター付きで、学習形態によってそのフォーメーションを変えることが可能である。イスも丸イスとすることで、使い方をなるべく限定しないようにしている。また、テーブルの形は半円形のものと台形のものがある。これは、2人以上の児童が一緒に使った場合、あるいはテーブルをくっつけて使う場合、協働が自然に誘発されるように、というねらいがある。一般的な四角形のテーブルだと、向い合わせで座ることになり、ノートの共有ができないし話し合いにも緊張が生まれる。一方、半円や台形のテーブルだと、斜めに座ることができ、手元を共有しやすく、距離が近づき話もしやすくなるという。

　そのほか、掲示板などもあるが、これらの家具はすべて可動式になっていて、オープンスペースの自由度を妨げないようなものが選ばれている。

台形の机を2つ組み合わせて5人で協働学習を行っている。

木製の可動式ロッカーを物書きに利用する児童たち。

メーカーから提供された、イスにも机にもなる什器は多目的室に使用している。環境からも授業や学び方が変わっていくことがねらいだ。

物書き台の付いた掲示板も、オープンスペースでの授業展開に一役買っている。

板橋第一小学校の特徴

メディアセンター　学校の中心に学びの中心を

三校同時改築プロジェクトの共通項の一つの核となっているのが、図書室とパソコン教室を合わせた「メディアセンター」である。板一小では、建物の中心で最も公共性が高く、児童が日常的に通る2階にメディアセンターを配置した。

図書室は、日光市産の無垢のスギ材を化粧柱とした木質空間が印象的だ。窓枠まで木で化粧しており、日光市と交流のある板橋区だからできた空間になっている。また、閲覧室にはなるべく多くの居場所をつくることを意識した。通常の学校同様の机・イスに加え、低学年用の書架周りには円形の書架兼ベンチや小上がりをつくり、小学生の幅広い年齢層に配慮している。また、スギ柱とソファを組み合わせることで、木によりかかっての読書もできるようになっている。

図書室の前にある廊下はギャラリーにもなっており、ここにも列柱が据えられている。北窓から射し込む光が穏やかな空間で、ゆったりと読書をしたり、図書室を出てちょっとお喋りができるよう、机・イスを設えている。また、地域開放に備え、リサイクル文庫のような管理不要の書物を陳列することも想定し、ギャラリーに書棚も設置している。

パソコン教室は、廊下と図書室の2方向からアクセスができるようになっている。今後はタブレット型パソコンを用いた教育などが進化し、1人1台使えるようになるとパソコン教室の位置づけも再考が必要だが、現時点ではまだまだ調べ学習の重要な役割を担っている。

直線的な廊下が印象的な1階と3階に対し、2階はメディアセンターが出っ張るような形で、廊下が屈折している。面積的な制約でこうなった部分もあるが、直線的に歩くと自然とメディアセンターに入っていくようなプランニングが、興味を起こす何かのきっかけになればと考えられている。

低学年用に、小上がりのある、カーペット敷きの読書・読み聞かせスペースを設えた。円形の特徴的な本棚も日光市産のスギ材でつくられている。木のぬくもりに包まれながら、さまざまな場所で読書を楽しめる。

学校解説

赤塚第二中学校

板橋区「新しい中学校」のプロトタイプ
独立した生活の場をもつ教科センター方式の中学校

歴史ある坂の町の中学校

赤塚第二中学校（以下、赤二中）が開校したのは、戦後間もない、1947（昭和22）年5月のこと。学制改革を受け、板橋区では同時期に10の新制中学校が創立しており、その1つが赤二中であった。

創立当初は赤塚小学校内に併設されたが、1949（昭和24）年9月には現在の住所に校舎ができ、移転した。その後、板一小と同じく、人口増加にあわせて増改築を繰り返す。1956（昭和31）年には隣地に成増ヶ丘小学校が創立。1962（昭和37）年に鉄筋コンクリート造校舎が完成し、以降、50年近く、増改築を繰り返して使ってきた。

新しい中学校の形とは何か？

板橋区では、昭和の新しい学校づくりのとき、マルチパーパスを学校の中心に据えた志村第四中学校を1975（昭和50）年につくっている。しかし、小学校に比べて、中学校の取り組みはこれまであまりされてこなかった。ただ、これは板橋区に限ったことではなく、全国的にも小学校での「オープンスクール」に関する取り組みが多かったといえる。

子どもが大人になる過程で育むべきものは、大きく分けて「学力」と「人間力」の2つといえる。小学校ではまだ人格形成の初期段階で「人間力」を育てることが重要だが、歳を経て人格が形成されるにつれて学校は「学力」を付ける場所となってゆく。現在、日本の小中高の主流である特別教室型は比較的生活中心であり、大学に多い教科教室型は学習中心の形式といえる。

板橋区では、これからの中学校において、この教科教室型をさらに発展させた教科センター方式（教科教室の近くにメディアスペースを配して、教科のエリアをつくる方式）を採用し、より早い段階から主体的な学びへとシフトすることを考えた。

人を育てる学校に

こうした新しい中学校づくりの最初に選ばれたのが赤二中である。改築前の赤二中は荒れていた時期があり、生活指導に力を入れていた。学年を超えた生徒同士の接点が生まれないように配慮がなされ、教員には試験的にイヤーモニターが導入され、チームで学校運営にあたっていた。新しい学校への建て替えが決まった頃が、そうした教員の努力が形になってきた頃であった。

そのこともあって、赤二中では、学力向上も勿論であるが、人間性の育成にも重きを置いてきたという。現場からの強い意見も受け止め、「学びの場」と「生活の場」をあわせもつ、「赤二中型教科センター」ができることとなった。

[起伏に富んだ、閑静な住宅地に建つ赤二中]

赤二中の通学区域は板橋区の西端にあたり[p.6-7参照]、生徒数は564名、教員数は34名（2017／平成29年3月時点）。

敷地は、成増ヶ丘小学校と隣接しており、校庭は一続きになっている。この成増ヶ丘小学校の卒業生のほか、周辺にある成増小学校、三園小学校、赤塚小学校などからも、赤二中へ進学する。

赤二中から徒歩5分ほどのところにあるのが、板橋区の西の玄関口といわれる成増駅。東武東上線成増駅と東京メトロ有楽町線・副都心線地下鉄成増駅が隣接しており、2駅の乗降客数を足すと区内最多となる。成増駅南口側には商店街が広がり、川越街道沿いに大規模マンションが連なる一方、赤二中のある北口側は低層の戸建てを中心とした古くからある住宅街である。駅前は再開発が行われ、図書館などが入る複合施設や大型商業ビルが建ち並ぶ。成増アクトホールは、区内の学生が芸術鑑賞で訪れることもある。

板橋区は、荒川と多摩川にはさまれた武蔵野台地の北東端付近に位置し、とくにこの北口周辺は変化に富んだ地形で知られている。一帯には旧石器時代から集落があったといわれ、赤塚城跡（現赤塚公園）もあるなど、その歴史は古い。赤二中の敷地は成増駅よりも低く、敷地自体も北西側に向かって下がっている。周囲は、川が刻んだ深い谷戸、暗渠化された川の跡を利用した緑道、深い緑に囲まれた高台に建つ神社など、特徴ある風景が点在している。

[**広い中庭をもつ
回遊型中学校**
赤塚第二中学校・旧校舎の様子
（2009／平成21年頃）]

改築前の校舎は、増改築が重ねられ、築年数の異なる複数の棟で構成されていた。最も古い教室棟は1962（昭和37）年竣工。中庭を囲んだ、地上4階建ての口の字型校舎であった。南面採光がとれる南北に普通教室を、各階の東西に特別教室を振り分けており、昇降口が学年によって異なっていた。

回遊性の高い校舎ではあるが、校内を一周するには少し距離があることと、生活指導上の理由から、他学年側を通ることは基本的になかった。

周囲から見ると、校舎北西側の反り立った擁壁は圧迫感があり、校庭側も盛土によって視線が遮られ、内外の関係性は薄かった。

校舎北西側の擁壁

西側道路

正門

南側交差点と桜並木

通用口（北門）

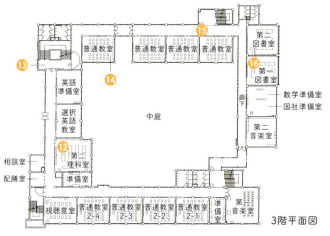
3階平面図

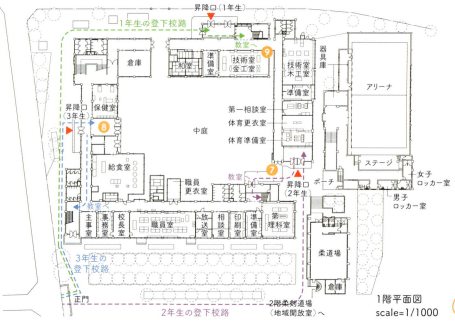
1階平面図
scale=1/1000

校庭から見る桜並木 ⑥

1階・昇降口（2年生）⑦

1階・昇降口（3年生）⑧

1階・技術室（木工室）⑨

2階・ランチルーム ⑩

2階・家庭科室（調理室）⑪

3階・第二理科室 ⑫

3階・階段室 ⑬

普通教室ロッカー ⑭

廊下 ⑮

3階・第一図書室 ⑯

4階・パソコン教室 ⑰

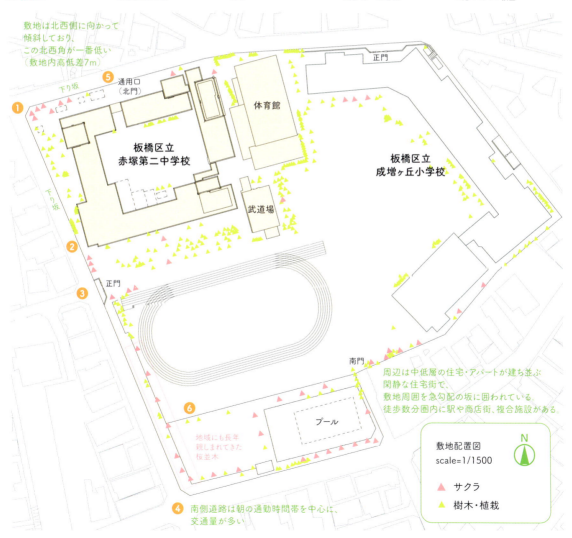

敷地は北西側に向かって傾斜しており、この北西角が一番低い（敷地内高低差7m）

① 下り坂

⑤ 通用口（北門）

正門

板橋区立 赤塚第二中学校

体育館

板橋区立 成増ヶ丘小学校

武道場

② 下り坂

③ 正門

⑥ 地域にも長年親しまれてきた桜並木

南門

プール

周辺は中低層の住宅・アパートが建ち並ぶ閑静な住宅街で、敷地周囲を急勾配の坂に囲まれている。徒歩数分圏内に駅や商店街、複合施設がある。

④ 南側道路は朝の通勤時間帯を中心に、交通量が多い

敷地配置図
scale=1/1500

▲ サクラ
▲ 樹木・植栽

赤塚第二中学校　77

赤塚第二中学校改築プロジェクトのスケジュール・プロセス

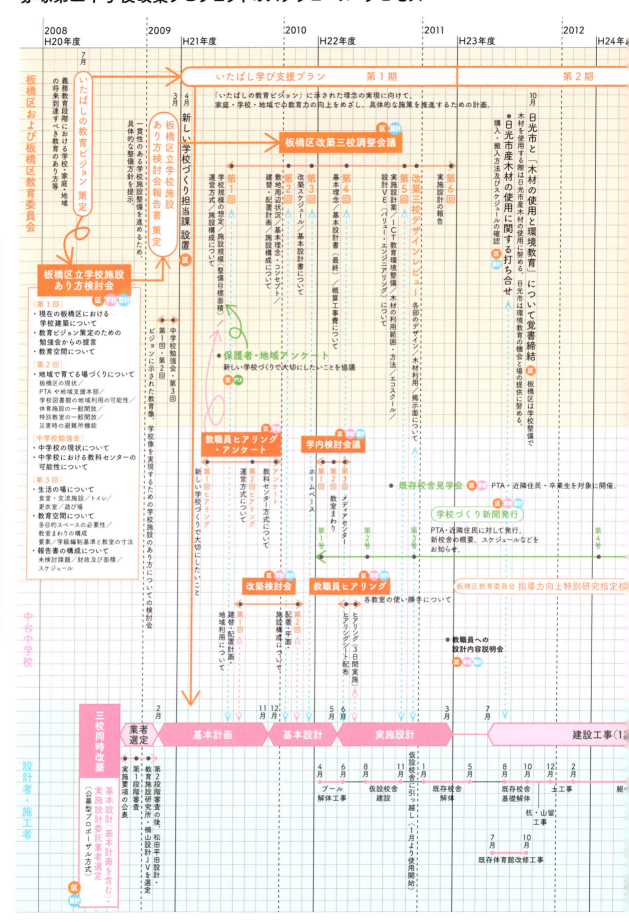

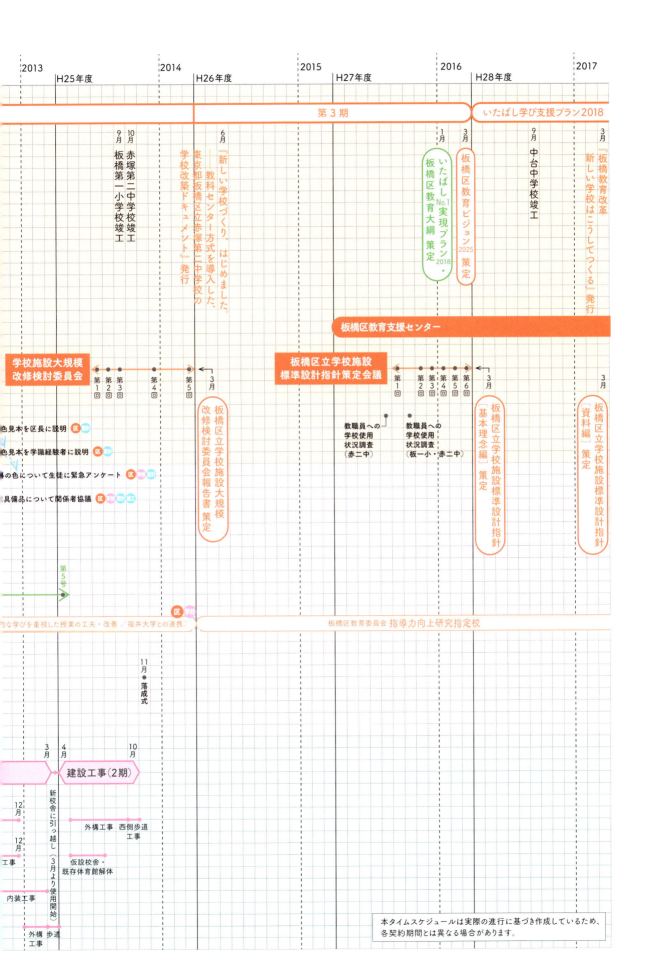

[「桜並木」と「小中連携」の赤二中]

改築前にPTA・地域に対するアンケート調査や、教職員ヒアリングにおいて「赤二中の良いところ」「校舎が新しくなっても残したいもの」として多く挙げられたのが「校庭西側の桜並木」と「小中連携」であった。桜は樹齢30年以上で、入学式や卒業式に花を添えてきただけでなく、夏の新緑や秋の紅葉など、四季折々、地域の人々を楽しませてきた。さらにその緑豊かな校庭を小中で共有し、運動会や地域行事などでは融通をきかせ使ってきた歴史がある。桜並木をはじめとする既存樹木の保存、小中連携を維持できる校舎の配置を検討した結果、南側に校庭、北側に校舎という構成を踏襲した。

これまでと大きく違う点は2つあり、1点は昇降口を小学校側に設け、よりスムーズな連携が図れるように配慮したことである。また、このアプローチ計画によって、生徒は朝、西側の校門を入り朝日に向かって登校し、夕方、西日に向かって下校する。一日の生活にメリハリがつくように考えられている。

もう1点は、これまで敷地北西側にあった道路との段差をなくしたことで、校庭より一段低い位置に体育館を設けて高さを抑え、北側にある住宅の日影に配慮していること。さらに地域開放玄関をこの西側地下1階に設置し、東側1階の昇降口に対して明確に動線を分けたことで、地域開放した場合でもスムーズな学校運営ができる計画となっている。

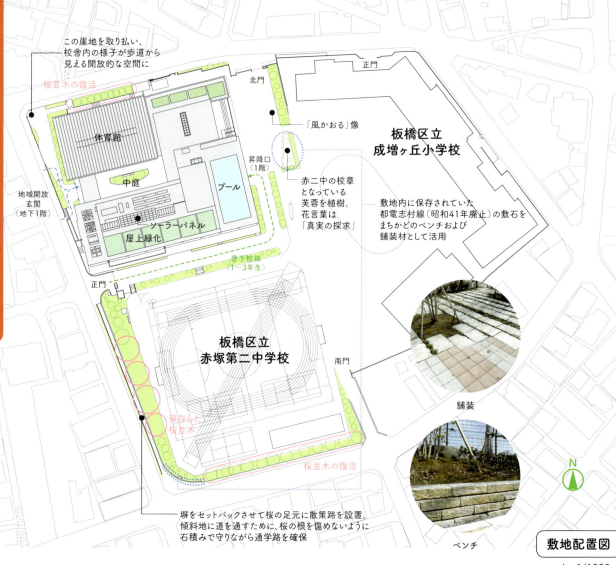

敷地配置図
scale=1/1500

B1

- 体育館
- 武道場
- 美術／技術／音楽
- 和室
- 中庭

スポーツ系と芸術系の特別教室が集まる地下1階。
体育館横には地域開放用の通用口が設けられており、
夜間や休日にセキュリティをかけて体育館や和室などが開放できる。
起伏ある地形のため、建築上地下1階ではあるが、
地域開放玄関は地上からアクセスできるようになっている。

［体育館］生徒会選挙演説の様子。

［美術室］中庭に面している。

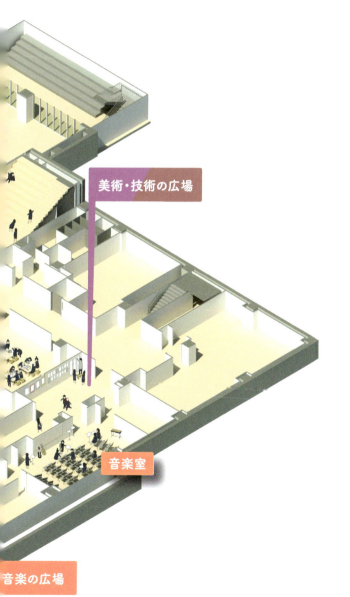

美術・技術の広場

音楽室

音楽の広場

［地域開放玄関］体育館脇に位置している。

赤塚第二中学校

［音楽室］音楽の広場を挟んで2室の教室を備えている。

［和室］茶道部やPTAの活動に使われ、地域開放でも利用しやすい場所にある。

［体育館］トップライトで自然光を柔らかく採り込む。舞台背面の暗幕を開けると窓になっており、外の植栽を借景とした利用が可能になっている。

［中庭］隣接する美術室や技術室から直接出入りできる。

［武道場］授業や剣道部の活動、地域開放に使われている。

● 英語／家庭科 　● 多目的ホール
● 3年生HR 　　　● 職員室
● 赤二ホール

昇降口・赤二ホール・多目的ホールなど、
人の集まる場所が多く交流ゾーンとして機能する。
また、職員室・校長室・保健室などの管理諸室も設けられており、
運営・管理の中枢にもなっている。
教科教室とホームルーム（HR）の並び方は1-3階までおおむね共通。
少人数展開をする英語は、授業に合せて隣りの共通教室なども使用する。

多目的ホール（ランチルーム）
家庭科室
給食室
3-1
3-2
3-3
3-4
3-5
多目的室
共通教室

安心・安全な学校給食室

食品の製造工程における衛生管理システム「HACCP（Hazard Analysis and Critical Control Point）」を導入。水を必要以上に流さないドライシステムを採用し、給食室以外にも「汚染作業区域」と「非汚染作業区域」の区分け、調理員のトイレや更衣室の位置など、衛生的に調理が行える動線計画となっている。また、隣接するランチルームから生徒たちが煮炊き調理の様子が見える見学窓が設けられている。

86　第3章　新しい学校建築

[多目的ホール] 200インチのスクリーンを備えている。

[家庭科室] 多目的ホール（ランチルーム）に隣接し、地域開放や食育などで活用しやすい配置になっている。

［多目的ホール］ランチルーム、学年集会場、イベントスペースとして使われる。

［東階段前の広場］
左：校内にはソファやベンチなど、腰を掛ける場所がたくさん用意されており、この場所も生徒の談話スペースとなっていた（2013年撮影）。
右：現在は、体育の広場として活用されるようになっている（2016年撮影）。

［赤二ホール］高い天井、階段状の座席で200インチのスクリーンに映し出された映像を楽しめる。

［赤二ホール］1階昇降口前ホールと地下1階体育館前ホールを結ぶ動線でもある。

赤塚第二中学校

- 国語／社会／理科
- 2年生HR
- メディアセンター（図書室＋パソコン教室）

図書室とパソコン教室が一体となって、
「メディアセンター」として機能する。
2室は内部でつながり、連携した使用が想定されている。
社会科のメディアスペースが中央にあり、
向かい合わせの1つの教室と一体的に使われる。
理科は実験室2つ、講義室1つを備え、
ほかの授業との重なりを気にせずに、実験などを行える。

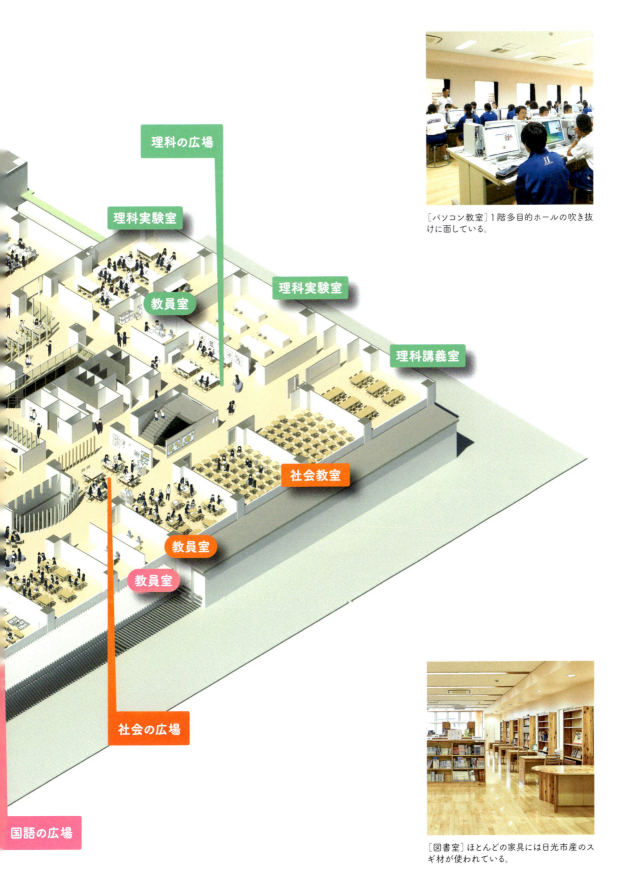

[パソコン教室]1階多目的ホールの吹き抜けに面している。

[図書室]ほとんどの家具には日光市産のスギ材が使われている。

社会の授業。廊下を挟み、教科教室と学びの広場を一体的に使って、協働学習が展開される(2013年撮影)。

［国語教室］4つある教室のうち2室の間仕切り壁は可動式で、書道の授業は2室を使ってゆったりと行われる。後方には流しも設置。

［社会の広場］各教科の広場は休み時間、生徒の自習、教職員や生徒同士のミーティングに使われている。

時間とともにメディアスペースや教科教室がダイナミックに使われるようになってきている（2016年撮影）。

［理科の広場］課題のレポート集や顕微鏡が常時置かれ、教科の雰囲気を演出している。

［教科教室前の廊下］校内の至るところで掲示が行われている。授業でのプレゼンシートや課題レポート、年始には生徒全員の書き初めが掲示された。

赤塚第二中学校

- 数学
- 1年生HR
- プール（4F）

数学も少人数展開が考えられるため、教科教室に加え、共通教室1つが設けられている。
共通教室は、数学のほか、理科・保健体育の授業やホームルームで使用される。
半フロア上がると、屋上のプールへ行ける。

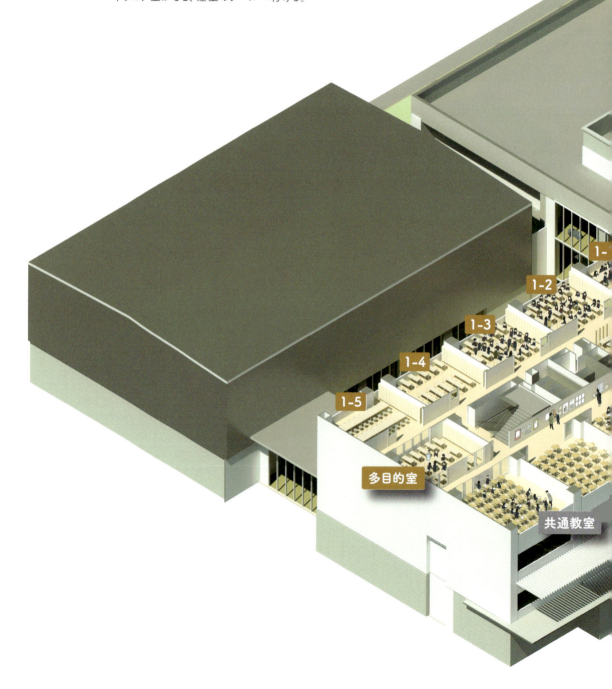

［プール］改築前は校庭の一角にあったが改築で屋上に設置。

南側3層はフロア中央を半楕円形のソーラーチムニーが貫き、自然光と風を採り込む。

赤塚第二中学校

［西階段］トップライトで自然光を採り込む明るい階段室。西階段と東階段で内装の色を変え、認識しやすいようにしている。

［ホームルーム］学級活動や給食、総合的な学習を行う。

［ホームルーム前の廊下］ホームルームと廊下は引き戸で間仕切られ、一体的に使うこともできる。

［昇降口］放課後、西陽を浴びて、陽だまり空間となった赤二ホールが奥に見える。

［東階段前の広場］2本の廊下と階段に面する広場空間。

［数学の広場］教科エリアごとのテーマカラーは生徒へのアンケートをもとに決められた。数学はブルー。

赤塚第二中学校の特徴

ゾーニング計画

地域と、小学校とつながる、「まちの学校」を

板橋区教科センター方式の第1号として

先述のように、赤二中が、板橋区における新しい中学校の、つまりは教科センター方式を採用した学校の最初であった。そのため、赤二中での取り組みが、今後の板橋区の学校改築の方針を左右するといっても過言ではない。しかし、全国的に見ても都市部公立学校での教科センター方式というのは類があまりなく、先端的な取り組みであった。そのため、追って着工することになった中台中とあわせて、共通点をもたせつつ、異なるタイプの学校をつくることが意図された。

学校と地域の交流を促す3つのゾーン

学校、家庭、地域の教育力を向上させるという区の方針のもと、中学校を地域に開きまちと連携すること、そして隣接する小学校と連携することが求められた。また、教科教室に加えてホームルームも設けることとなり、これらを基軸に計画が進められた。

そのため、周辺地域に開く「地域連携ゾーン」、小学校・地域・学内の交流を促す「交流ゾーン」、そして生徒が集中して学習に取り組む「教科・生活ゾーン」の3つで学校を構成し、それらが緩やかに緩衝することで交流を生む計画となった。

地域連携ゾーン

スポーツや芸術をきっかけとした地域との日常的な交流を生むため、体育館や音楽室、美術室を地域連携の空間としてゾーニングし、地下1階に配置した。地下といっても、敷地の高低差を利用し、地域開放玄関は前面道路から階段などを使用せずアプローチできるようになっている。改築前は、周辺の住宅地と学校の間には擁壁があり寸断されていたが、周辺地形にあわせた構成とし、周辺とつなぐことでよりアプローチしやすい構成とした。

ウッドデッキを敷いた中庭を中心に、体育館、武道場を北側に、美術・音楽・技術の教科エリアを南側に配置している。スポーツ系エリアと芸術系エリアの廊下にセキュリティをかけることで、体育館は休日や夜間に地域開放して利用できるようになっている。

交流ゾーン

中学校を訪れた来客や、隣接する小学校との交流を促すのが交流ゾーンである。三校同時改築プロジェクトの中で重要な施設と位置づけられているメディアセンター（図書室、パソコン教室）、多目的ホールをゾーニングし、昇降口の近くに配置した。

昇降口は、真っ直ぐ成増ヶ丘小学校と向い合っており、小学生を中学校内に迎え入れるような構成になっている。また、ガラス張りの多目的ホールは小学校側から中の様子を垣間見ることもできる。

また、家庭科室を多目的ホールの奥に設け、家庭科の授業でつくったものを多目的ホールで食べ

[図1] 赤二中のゾーニング

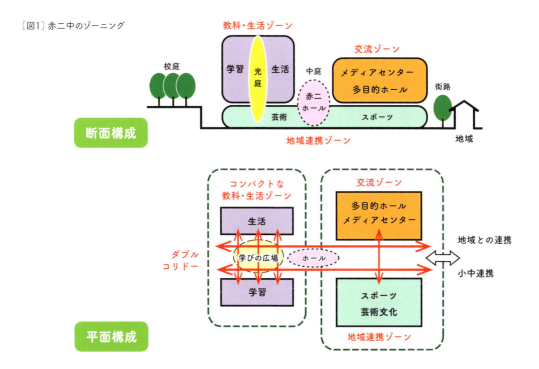

中庭および体育館。左奥に地域開放玄関がある。

夜間、体育館は地域に開放され、空手やバレーボールなどの活動が行われている。

たり、地域イベントのときには調理室として利用できるようにしている。給食室側には小窓があって調理風景を覗けるようになっており、食育の場としても考えられている。

教科・生活ゾーン

授業ごとに教科教室を移動する、教科センター方式の中で、生徒の日常的な居場所となるのが教科・生活ゾーンである。教科教室とホームルーム（HR）、赤二中の特徴である「学びの広場（赤二中におけるメディアスペースの呼称）」で構成している。

1階が3年生のHRと英語の教科エリア、2階が2年生のHRと国語・社会・理科の教科エリア、3階が1年生のHRと数学の教科エリアとなっている。

教科エリアの配置は、賑やかになりやすい1階を「コミュニケーションフロア」と位置づけて英語を、メディアセンターがある2階は「調べ物や学習のフロア」として国語・社会・理科を、3階は「集中するフロア」を意図して数学を配した。

赤塚第二中学校　101

赤塚第二中学校の特徴

平面計画

「学びの広場」を中心に、学びの場と生活の場を展開する

授業ごとに生徒が教科教室を移動する教科センター方式は、利点も多いが、配慮すべき課題も多いといわれている。しばしば指摘される課題が、以下の3点である。

①教室移動が多いため、全生徒が同時に速やかに移動するための動線計画。
②特別教室型と違って、一人ひとりが落ち着ける居場所がない。
③生活指導が手薄になる。

ダブルコリドーで
短い移動距離と動線の選択性を確保

①の動線計画について、赤二中での解決策は、ダブルコリドーの採用である。平行配置しているホームルームと教科教室の間に2本の廊下を設け、その間に自由に通行できる「学びの広場」を設けることで、なるべく移動距離を短くすることを実現した。動線の選択性も高まることで、異なる方向に進む生徒同士が衝突するようなこともない。また、学習の場と生活の場の両方に「学びの広場」が隣接することで、掲示物が豊富な学びの広場に生徒がなにかと立ち寄るように考えられている。

ダブルコリドーのもう1つのメリットは、メインの動線だけではなく、左右に移動を展開できる選択性もあることで、いじめなどのネガティブな人間関係を抑制する効果があるという。

生徒の居場所は
全員着席のホームルームとサードプレイス

課題②について、全員が着席可能なホームルームを設けた「ホームベース独立型」を採用したことが赤二中の大きな特徴である。朝夕の学級活動や給食、総合学習を行うほか、更衣室にも使われている。面積は5.4×8mで約43㎡。通常の64㎡の教室に比べると、7割程度の広さのため、給食時には4枚引き戸を開放し、廊下と一体化することで、通常の教室と同等の広さを確保するなど工夫されている。

一般的な教科センター方式の学校では、生活拠点となる学級専用空間として生徒に用意されるのは、一人ひとりのロッカーと、少人数のミーティングができる30㎡程度の面積、つまり普通教室の半分程度の広さのホームベースである（中台中は、ホームベース併設型のため、よい比較対象となるだろう）。しかし、赤二中では、生徒の居場所とは何かを考え抜いた結果、全員着席のホームルームを選択したという。中学生は、家族から自立し自分の居場所を見出そうとする時期にあたるため、居場所＝イスを用意するというこだわりがあった。

ただし、面積の制約上、イスは丸いスツールで、机も個別ではなく2人掛けのものとなっているため、十分なパーソナルスペースが確保できているとはいえない。そこで、校内にはホームルーム、教科エリアに次ぐ「サードプレイス」となる場所を数多く設けている。廊下の一角に設けたベンチ

やソファ、階段状の赤二ホール、学びの広場など、休み時間には生徒が三々五々集まってくるのが見受けられる。

複数の目で見守るホームルームと教科エリアの配置

課題③の生活指導に関する視点でも、全員着席のホームルームとダブルコリドーが功を奏する計画となった。

教科エリアと生活エリアを向かい合わせの構成とすることで、休み時間に教科エリアにいる教員が周囲のホームルームに目を配ることができるからである。また、給食や学級活動の時間にはホームルームから教科エリアを見渡すことができるため、複数の教員によって施設全体、全時間帯に目を行き届かせることができるのだ。

学びの広場と教室を一体的に使って協働学習を行う様子。

学びの広場と隣接していない教室も、引き戸を開放すると、教科エリアとの一体感が生まれる。

国語の広場からホームルームを見る。

[教科エリアの構成]

各教科エリアは、計画学級数に応じて用意された「教科教室」と、自習や協働学習ができるオープンスペース「学びの広場」、教材の準備や個別指導ができる「教員室」の3要素で構成される。学びの広場と隣接する教科教室は、4連の引き戸を開けると、廊下を挟んで、学びの広場と一体的に使うことが可能。空間は約1.5倍に広がり、小グループに分かれての協働学習やプレゼンテーション、大きな資料を拡げての授業など、授業の自由度が増す。学びの広場に置かれた家具はすべて可動式で、教科教室内に移動させて使ったり、隣り合う教科との貸し借りも行われている。学びの広場と隣接しない教科教室でも、多目的室との一体的な利用や、学びの広場と教室、2グループに分かれての授業など、さまざまな展開の可能性がある。

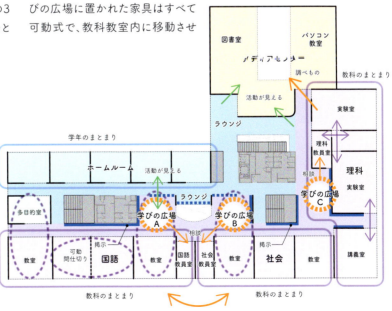
[図2] 教科エリアの構成（2F）

赤塚第二中学校の特徴

メディアスペース

生徒の取り組みが蓄積される「学びの広場」

創意工夫を誘発する学びの広場

メディアスペースは、教科教室型と教科センター型を区別し、その特徴を支える重要な空間だ。赤二中では、「学びの広場」と名付けたメディアスペースを、それぞれの教科教室の前に廊下を挟んで配置し、教科特有の学習内容をプレゼンテーションする場としている。たとえば、社会科ならば地球儀や地図が置いてあったり、新聞記事を拡大して掲示していたり、理科であれば顕微鏡や太陽系の惑星のサイズ関係を示した紙模型を掲示したりなど。それぞれの教科に対する学習意欲を喚起する工夫をこらしている。赤二中の生徒たちは、授業間の移動中、通りがかりに掲示物を見たり、放課後に自習をするなど、学びの広場を日常的に活用している。

手づくりで空間を育てる

学びの広場を、より親しみやすく、かつ学習意欲を生む空間とするために施された仕掛けがいくつかある。

まず一つは、可動式のテーブルとイスである。板一小のオープンスペースにも同様のことがいえるが、グループワークやソロワークなど目的によって使い分け、長方形、台形、ひょうたん形といっ

背面は掲示板になっている。

キャスター付きなので、簡単に移動可能。教室内で使ったり、他教科の学びの広場から借りてきたり。

社会の広場

壁一面の掲示板

本棚＆書類棚

本棚、課題用紙のストック棚という機能だけでなく、空間を間仕切るパーティションにもなる。レイアウトの工夫によって、動線をコントロールするための家具。

たタイプを組み合わせられるようにテーブル・イスを取り揃えている。スツールやソファもあり、机に向かった学習だけでなく、コミュニケーションやそこから始まる学びなども起こりうるよう考えられている。

楕円形の木製ルーバーの中に照明を組み込んだ天井の設えも特徴的だ。緩やかに広場のエリアを規定するとともに、掲示物を吊り下げるために利用することができる。三校同時改築のデザインコードとしても使用されており、板一小のオープンスペース、中台中のメディアスペースや図書ラウンジなど、学校内で学びの要所となるような場所に同じ意匠が使われている。

広場を囲む壁はコルクで、壁一面に掲示をすることができる。生徒の作品や研究発表をここに公開するなど、さまざまな活用方法が考えられる。また、学びの広場に面する教科教室の建具はマグネット式のホワイトボードで、ここも全面掲示が可能。他学年の授業の痕跡を目にするなど、学年を超えた学習コミュニケーションの場となっている。

学びの広場とホームルームの間を緩やかに分節する木製ルーバーは、棚板を自由に取り付けられるようになっている。もちろんこれらも日光市産の木材だ。

教科指導で生活指導を

一般的に中学校では、生活指導と学習指導は分けて考えられているが、「教科指導を通じて生活指導をするという意識が高まった」という教員の声もある。「たとえば、学びの広場で生徒がものを壊すことがあったとすると、それでものを置かなくなるのは本末転倒だ」という。学習の場であり、かつ休み時間を過ごす学びの広場は、人との距離やTPOを踏まえた自己の生活態度とも向き合うことができる公共の場で、生活指導を行う場としても相応しいといえるだろう。

ルーバー
照明を組み込んだルーバーは、吊り下げ掲示に便利。

飾り棚
棚板は自由に位置を変えられる。他教科との貸し借りも可能。

英語の広場

イス&テーブル
テーブルの形状は、使い方にあわせてセレクトできるように、円形、長方形、台形、ひょうたん形など、さまざまなタイプを揃えている。

スツール&ソファ
イス&テーブルのほかに、小グループでのディスカッションなどに便利なスツール&ソファを用意。

> 赤塚第二中学校の特徴

ホームルーム

教科センターにも、全員着座のホームルームを

廊下と一体的に使う

教科センター方式なのに、全員着座のホームルームもあるのが赤二中の特徴である。平面計画の項目でも触れたとおり、多感な時期の生徒の居場所を確保するため学校側が設置にこだわった空間である。朝夕の学級活動、給食、総合学習のための教室や更衣室として使われている。個人用の鍵付きロッカーは1人1つずつ設置され、教科書やスクールバックを収納するようになっている。

面積の都合上、ホームルームの広さは約43㎡と、通常の教室と比べて約7割と手狭になっているため、机を2人掛けにしたり、イスをスツールにしたりといった、省スペースでも全員着座可能な工夫がなされている。

新しい取り組みで、他にあまり類を見ない構成のため、人数が多くなった際（最大40人学級）のグループ化のパターンの検討をして、教室や机イスの寸法が決められた［図3］。

また、4枚の引き戸を開放し、廊下と一体化す

［図3］ホームルームのテーブルレイアウト例

ることで通常の教室と同程度の広さにして使うことも可能だ。給食の配膳は引き戸を開放し、廊下にて行っている。

ホームルームを個性ある空間に

教科センター方式でホームルームをつくる場合のメリットの一つは、学級ごとに個性のある空間づくりができることだ。

　特別教室型の場合、ホームルームは複数教科の学習の場となるため、ユニバーサルなつくりとすることが多い。しかし、赤二中のホームルームは学級専用空間であるため、個性をアピールし結束を高める場となる。1年ごとという制約の中、掲示や飾り付けがしやすい仕掛けが施されているのだ。たとえば、天井からものを吊り下げるルーバーや、本棚、掲示板として使えるコルクの壁面などだ。間仕切りもマグネット式のホワイトボードなので、掲示物の入れ替えなど極めて容易に行うことができる。

　実際、天井の木製ルーバーに学級の年間目標を書いた紙を吊り下げたり、運動会などの行事でつくった飾りを貼り付けたりしている事例がある。また個人ロッカーの扉にはメッセージを入れられるポケットがあり、生徒同士の情報伝達に使われたり、各自の月間目標を挟んでおき、常に意識ができるような使い方がされている。

　ホームルームが並ぶ廊下には、学年ラウンジ（流し＋ベンチ）があり、自然と生徒が集い、学習の合間の休みにお喋りができるような空間構成としている。このスペースの壁も掲示板として利用し、学年ごとの情報を共有するスペースとなっている。

［ホームルーム］後ろから前を見る。純粋な生活のためだけの空間のため、カラーを出しやすいようになっている。

［ホームルーム］前から後ろを見る。ここにも日光市産の木製ルーバー。

生徒は皆、ホームルーム前の廊下を使って配膳をする。そのまま廊下で食事をとる教員も。廊下からもクラス全体がよく見え、動きやすいと好評。

［学年ラウンジ］赤二中には、ちょっとした居場所になる空間がいくつも設けられている。ここもその一つ。

赤塚第二中学校の特徴

大階段

学校のシンボルは、流れの大動脈であり、ホールにもなる木の大階段

三校同時改築で目指したことは「学びの姿を変えていく」ということ。そのために、教室の中だけではなく、教室周りの環境を学びの場、生活の場としてどのように整えていくのかが重要視された。

その中で3校共通のデザインボキャブラリーとなったのが大階段である。板一小では、多目的ホールと一体化した「いちょうホール」として、中台中ではエントランスホールと連続する空間として設けられている。

赤二中では、学校の一つのシンボルとして階段状の「赤二ホール」が昇降口から地階の中庭へ続く位置に、動線であるとともに広場でもあるようにつくられた。「つながり」をキーワードに、地域連携ゾーンと交流ゾーン、教科・生活ゾーンの結束点に位置させ、視覚的にもそれぞれのゾーンをつなぐダイナミックな空間が提案された。

移動と広場という2つの機能を両立させるため、二種類の段差を設けている［図4］。蹴上げ150mm×踏面300mmの移動に適したステップと、蹴上げ300mm×踏面600mmの滞留を促すステップである。後者は、階段としては蹴上げが高いが、腰を掛けるにはちょうどよい寸法である。この段差を利用し、生徒たちはここに腰掛け、映像や演劇を鑑賞したり、委員会・教科リーダー活動の集会場所などに使っている。

また、ここでもやはり日光市産のスギ材を用いている。壁面の意匠はほかと異なり、縦に幅30mm×奥行き60mmのルーバーの間に、105mm×105mmの角材がモザイク状に配されている。現在は掲示板として利用されているが、将来的には生徒が105mm×105mmのタイルを一人ひとりつくって飾りつけていくことも考えている。

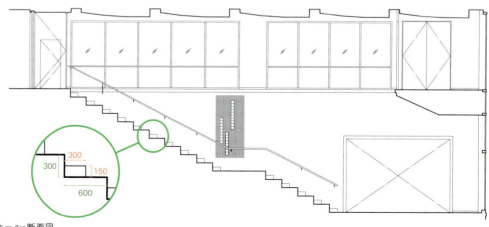

［図4］赤二ホール・断面図

赤二ホールを通り、地下1階の体育館へと向かう生徒の列。体育館内の状況に応じて、この場所で整列し、待機することもある。

月に1回、放課後に行われる教科リーダー会合の様子。動線を残した左2/3のスペースには、最大で80名が座ることができる。

物を書く時は、後ろを振り返り、階段を机替わりとして使っている。300mmという寸法の設定が、空間の使い勝手をよくしている。

階段状の空間を利用した、演劇部による劇の発表会。観客と舞台の距離が近く、一体感がある。

壁面も掲示スペースとして利用されている(2016年撮影)。

赤塚第二中学校の特徴

多目的ホール

多様な活動を受け入れる、もう一つのホール

「赤二ホール」と並び、もう一つの学校のシンボルは1階の多目的ホールである。ランチルームとして、また授業や集会、行事などに利用する。最大240名収容可能で、最後列からも見える大スクリーンを備えており、学年単位の活動にも対応している[図5]。

小中連携の手掛かりとなる空間

この空間も「つながり」をキーワードとしている。全生徒が利用する昇降口や「赤二ホール」に隣接し、かつ2層吹き抜けで2階のメディアセンターとも視覚的なつながりをもつ。いわば赤二中の要のような場所にある。また、東隣りの小学校側に配置することで2校の連携による利用を促している。昇降口から入ってきた小学生をまず多目的ホールで受け入れ、ここを起点に中学校内で連携活動を行うのである。

地域との連携を誘発

また、校庭側からも地域連携ゾーンの地階からもアクセスがよく、地域利用も想定した動線上に配置されている。調理器具がある家庭科室を多目的ホールに隣接して設けることで、食にまつわる交流を生むきっかけにもなるようにした。

コミュニケーションを誘発する吹き抜け

オープンスペース型の小学校、あるいは教科センター方式の中学校で大切なことは、なんとなくほかの人の行動がわかることである。視線も音も閉じられた空間は、座学的授業展開には適しているが、それ以外の展開を生みにくい。一方、開かれた空間では視線や音が通り、ほかの人・クラス・学年の活動が見える。なんとなく得られた情報は頭の隅に蓄積され、自分が同じ立場になったとき、他人とコミュニケーションをとったときなど、何かの拍子につながり、新しい発見をもたらす可能性の扉を開いてくれる。

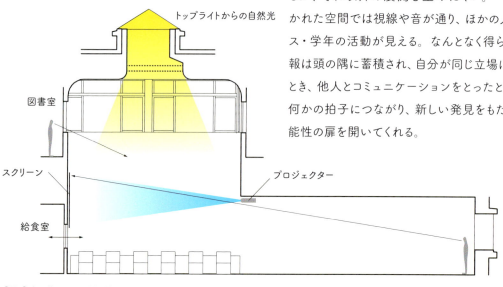

[図5] 多目的ホール・断面図　　　　scale=1/150

そういった意味で、赤二ホール、メディアセンターなど多くの場所に視覚的に開いている多目的ホールは、コミュニケーションを生み出し、新しい学びを生むきっかけを内包しているといえるだろう。

可動式の電子黒板を用いた、理科の特別授業の様子。広い吹き抜け空間は緩やかなアールを描く。上部に映る吹き抜けの窓は、メディアセンター（パソコン教室と図書室）につながる。

2階図書室の窓からの眺め。ランチタイムの生放送を終えた放送部のメンバーが給食をとる様子や、午後の特別授業に向けて準備を行う教職員と生徒の様子が伺える。

ランチルームとしても利用されており、日替わりで、2クラスが一緒に給食をとる。

赤塚第二中学校の特徴

メディアセンター

空間をつなぎ、メディアセンターの価値を高める

主体的な学習を促す核として

板一小の項でも述べた、三校同時改築プロジェクトの中で、小中共通して考えられたのが知の中心地「メディアセンター」だ。赤二中でも、図書室とパソコン教室を一体化したメディアセンターを形成している。覚える教育から考える教育へ、教えてもらうから学びの芽をみつけるなど、児童・生徒の主体的な学習を促す仕掛けの一つとして、情報を自ら得て、ときには検索しそれを蓄積していく場所として機能する。

教科センターとつながる配置

赤二中では、最も教科センターが集中している2階（国語・社会・理科）にメディアセンターを配置しており、離散した学びの空間同士がネットワーク化し相乗効果を生み出すことを狙っている。そのため、メディアセンターの平面形状に凹凸をもたせることで、図書室前にラウンジを設けたり、廊下側から図書室やパソコン教室の活動が見えるようにした。

また、本に包まれた空間を目指し、壁面に沿って本棚を配置。読書スペースは窓際に置き、多目的ホールの吹き抜けや地階の中庭と視覚的につながっている。図書室のラウンジにはソファやテーブルを置き、好きな場所で読書を楽しむことができる設えになっている。教員の工夫で緑も配し、豊かな空間となっている。突き当たりのラウンジ壁面にはおすすめ図書を陳列する木製の棚もあり、廊下を歩く生徒にも情報が届くよう工夫されている。

パソコン教室とつなぐ

図書室とパソコン教室を一体で「メディアセンター」というものの、実際は管理の問題から、隣りの部屋でセキュリティは別、ということが一般的だ。しかし、赤二中では、図書室とパソコン教室を一室空間にしており、まさに連帯的な使用が考えられている。

メディアセンター中央には1学級分の生徒が集うことができる広さの閲覧スペースが位置している。学習中にわからないことがあった場合、すぐに辞書や関連図書、パソコンを使った検索ができる空間構成である。多様なメディアを通じて、主体的・積極的に学習するという教育の理念が、赤二中のメディアセンターに込められている。

［メディアセンター］図書室とパソコン教室は内部でつながっていて、行き来ができる。

［階段ホール］壁や手すりにはガラスが多用され、空間の広がりが感じられる。上階の図書室、下階の赤二ホールでの活動が伺える。

［図書室］日光市産のスギ材のうち、節の多いものを使用して、本棚や読書用デスクをつくり、木のあたたかみあふれる図書室となった。

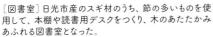

オススメ図書コーナー

読書用デスク

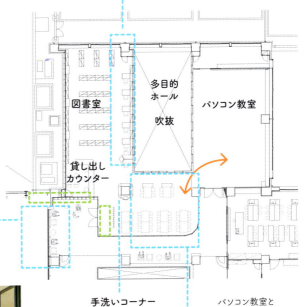

手洗いコーナー

パソコン教室と内部でつながる

［図書ラウンジ］
上：読書や談話のできる1人掛けソファとテーブルを設えている（2013年撮影）。
下：竣工から3年後の様子。教員の手で、緑や掲示、おすすめ本のお知らせが配されている（2016年撮影）。

約40名（1クラス分）が集まることができるスペース。

学校解説

中台中学校

都市型教科センターへの試み

小ささを利点に変える学校づくり

起伏豊かな崖線上に建つ中学校

中台中学校（以下、中台中）は、板橋区の中ほどに位置する学校である。板橋区の中央を走る、武蔵野台地の崖線上に建ち、起伏豊かな地形に周囲を囲まれている。

1959（昭和34）年創立の中台中は、ほかの2校に比べて、新しい部類の学校となる。板橋区の中学校は、創立の年代が大きく3つに分かれており、最初の世代は、昭和20年代前半創立の学校だ。学制改革により新制中学校が制定されたためで、赤二中や、次に改築される上板橋第二中学校がこれにあたる。次に、昭和30年代前半創立の学校。団塊世代の中学校入学にあわせて、まとまった数の学校が新設され、中台中はこの第2世代に位置する。最後は、昭和40年代後半以降で、ニュータウンとして有名な高島平の開発などに伴っていくつか学校がつくられた。

学校の歴史で見れば、赤二中の方が中台中より10年ほど古いことになるが、中台中をはじめとする第2世代の中学校は、当初より鉄筋コンクリート造の校舎でつくられていたため、既存校舎の古さから見ると、むしろ最も古い部類に入る。そのため、今回三校同時改築の対象として、選ばれるに至った。

校舎は1959（昭和34）年建設で、増改築・耐震補強をしながら使用してきた。体育館棟は、1998（平成10）年に改築を行っており、今回は改修工事を行うこととなった。

小さな校舎にも教科センター方式を

赤二中と同じく、中台中でも教科センター方式が導入されることとなった。建設は3年遅らせざるを得なかったが、基本設計は赤二中と並行して行われてきた。2校の設計条件のうち、大きな違いは規模であった。赤二中と比較すると、75％ほどの面積で、また周囲は住宅が迫っており、日照を考えると高さもあまり出せない。限られた敷地でいかに要件を収めるかが大きな鍵となった。基本的に、教科センター方式は、規模の小さい学校の方が運用しやすいといわれるが、施設上は、特別教室型に比べてメディアスペースやホームベースなどの面積を必要とするため、つくり方に工夫が必要とされる。板橋区の学校には、中台中のように敷地形状や面積などの制約が厳しいところも多く、赤二中のようにゆったりとした敷地をもっている学校ばかりではない。そうした意味で、中台中での取り組みが、今後の学校改築のロールモデルになりうる。

学びの中心としての学校

そうした敷地条件もあり、赤二中では生活空間をゆったりとっていたが、中台中では、まずは学校が本来の目的である学びの中心として機能するよう考えられた。また、そうした中でも、居場所を多くつくり、明るく風が通るようにすることで、生徒が健やかに育っていくような学校とした。

[低層住宅に囲まれ台地の上に建つ学校]

中台中の通学区域は同区の中央にあたり［p.6-7参照］、生徒数は354名、教員数は42名（2017／平成29年3月時点）。若木小学校、中台小学校、緑小学校、北前野小学校などの卒業生が、主に進学してくる。

先述の通り、板橋区の中央を東西に横断する武蔵野台地の崖線上に位置しており、周囲は複雑な起伏を擁している。中台中は、台地上に建っており、校庭の先は崖になっているため、見晴らしはよく、遠くからでも校舎を目にすることができる場所にある。

一方、それ以外の三方は低層住宅に囲まれている。道路幅も狭く、周囲に影を落とさないこと、また生徒が安全に登下校できるようにといったことが考えられた。

最寄り駅は東武東上線上板橋駅か、都営三田線志村三丁目駅だが、いずれも歩いて10分ほどの距離にあり、まさに住宅地の中の学校といった様相だ。上板橋駅付近にある平和公園は、板橋区が平和都市宣言をしたことにちなみ、1986（昭和61）年旧東京教育大学の寄宿舎の跡地に完成した。公園内の灯火は、広島市平和記念公園内の「平和の灯」と長崎市平和公園内の「誓いの火」をかけ合わせた火が使われており、周囲住民の憩いの場となっている。

上板橋駅前にはプラネタリウムがある板橋区立教育科学館が、前野町には区内の環境教育の中心を担う板橋区立エコポリスセンターがあり、自然科学関係の文化施設が近くにあるのも特徴の一つといえる。

校庭の活用と周囲への配慮がされた陽の当たる学校

中台中学校・旧校舎の様子
（2009／平成21年頃）

中台中は、一方が擁壁、三方が住宅地に接しているため、建築のプランニングには工夫が必要である。既存校舎は、陽の光や風を採り込める、眺望の開けた南の擁壁側に校庭を配し、それを囲むようにコの字型の4階建て校舎が建っていた。

東側に接している道路は、南に行くと階段となっており、あまり車通りもないことからこちらに登下校用の門が設けられていた。北側の道路は、東側より車のアクセスがいいため、来校者出入口やサービスヤードがあった。西側は低層住宅地と接しており、校庭の音を校舎と体育館棟でブロックするような構成になっていた。

東側の校舎には特別教室が設けられており、こちらは4階建て。北側校舎に1、3年生の教室があり、東側の昇降口を使用していた。西側校舎には2年生の教室があり、こちらは西側の昇降口を使用していた。普通教室のある棟は3階建てとなっていた。

体育館棟は、1998（平成10）年に改築されており、1階に武道場や集会室、2階に体育館が配されている。旧校舎では、1階と2階からアクセスが可能であった。また、プールは、ほかと同様、南東側の地上にあった。

2階平面図

1階平面図
scale=1/1000

①見晴らしのよい校舎南側の景観

②既存利用する体育館

③校舎西側に隣接する住宅

④来校者出入口

⑤正門

⑥東側道路

⑦南側擁壁と隣家

⑧1・3年生昇降口

⑨2年生昇降口

⑩1階・家庭科室（被服室）

⑪1階・ランチルーム

⑫西側階段

⑬普通教室ロッカー

⑭2階・体育館

⑮3階・家庭科室（調理室）

⑯3階・図書室

⑰4階・第1理科室

中台中学校　117

中台中学校改築プロジェクトのスケジュール・プロセス

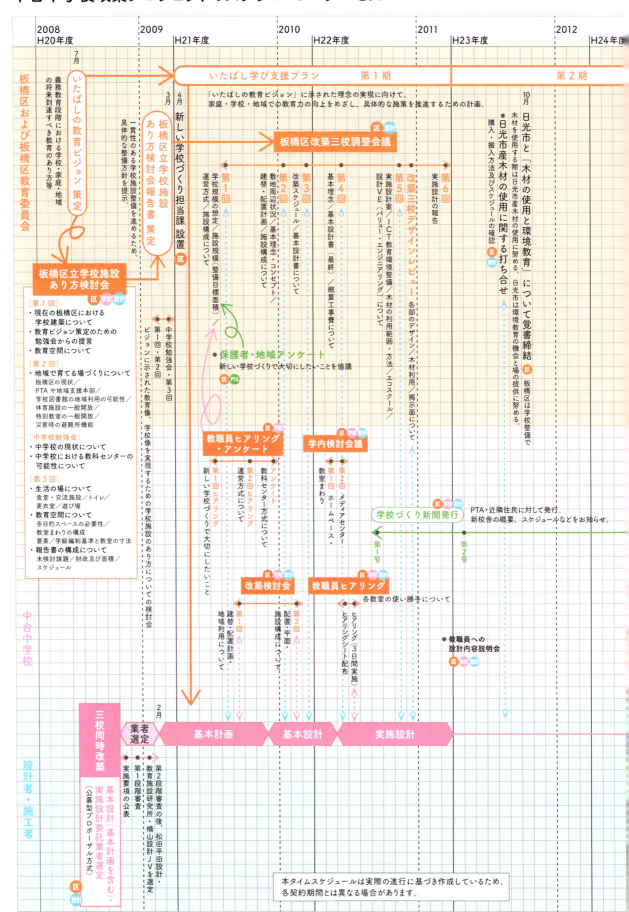

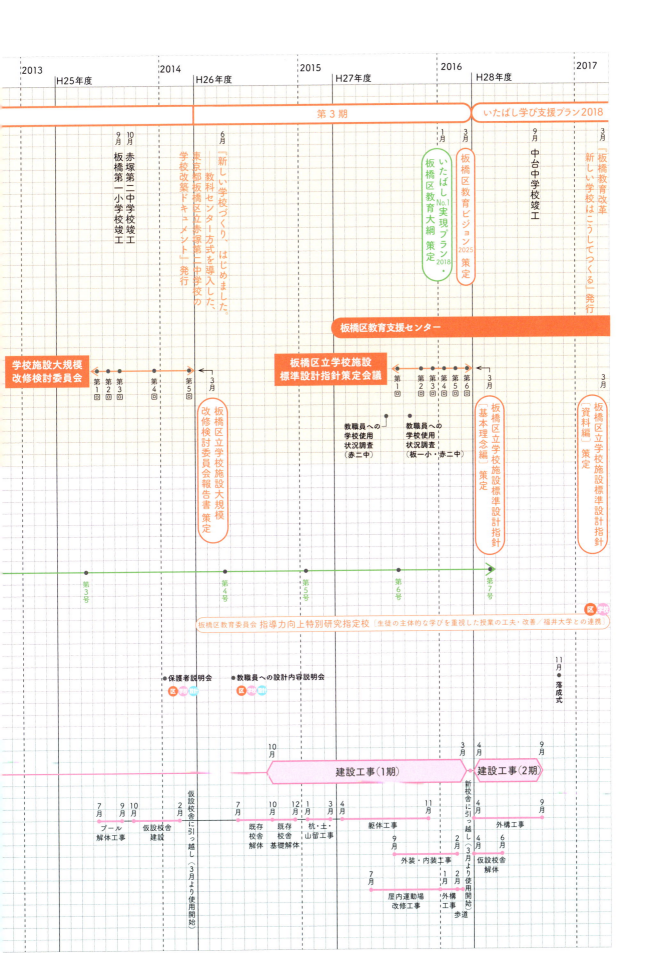

[生徒が安全に登下校できる白い学び舎]

中台中の配置的特徴は、すでにいくつか挙げているが、今回の改築によって既存と大きく変わった点は、自主管理歩道を整備した点だ。

中台中の北側道路は若木通り（中山道と川越街道を結ぶ地域の主要道路）から、中山道へと抜ける道として、日頃から多くの車が行き来する。しかしながら、改築前は歩道が狭く、また、道路幅もちょうど2車線といった状況で、生徒が登下校するには危険が多かった。

そのため、改築の際に、東側から北側まで抜ける自主管理歩道を整備し、生徒が安全に登下校できる計画とした。また、街路樹も植樹することで、印象を刷新した。北東側の角にはベンチもつくり、登下校時の生徒同士の待ち合い場所としても、地域の人の休憩場所としても活用されている。

また、周囲が低層住宅地のため、新しい学校づくりの際には、ボリュームを小分けにしたり、テラスを設けて分節することで、周辺環境へ圧迫感を与えないようにした。

ちなみに、中台中学校の校歌には「うるわしい 白い学びや」という一節があるのだが、改築前の既存校舎はクリームがかっていたため、今回の改築では白い外壁に戻している。

敷地配置図
scale=1/1500

1F
- 昇降口
- 家庭科／美術／技術
- 多目的ホール
- 職員室

特別教室と管理諸室が集合したフロア。
東門に最も近い部分に管理諸室を設け、学校のセキュリティを高めた。
学校中央の校庭側には、全学年が使用する昇降口があり、その奥には多目的ホールがある。
通常、生徒たちは昇降口を通って中央の大階段を上がり、教室のある2・3階へとアクセスする。
西側には専科の特別教室があり、美術室・技術室を隣接させて、間に木工機器スペースを設けることで、利便性や省スペースを図っている。

［技術室］特殊な敷地形状を活かし、金工スペースを配した。写真背面には、美術室と共有の木工機器スペースがある。

［家庭科室］中央に被服台、これを囲むように調理台を設け、これまで2つあった家庭科室（調理室、被服室）をひとまとめにして省スペースを図った。

［校庭］外観の黄色い部分が教科教室、その間がホームベースとなっており、新しい中台中の特徴を表すデザインとした。

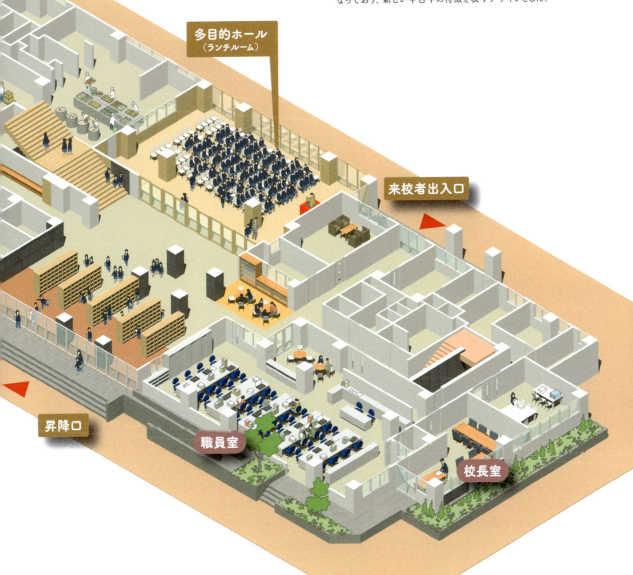

多目的ホール（ランチルーム）

来校者出入口

昇降口

職員室

校長室

中台中学校

［大階段］全生徒が登下校時に必ず通る、中台中のシンボル的な空間。

［美術・技術メディアスペース］少し奥まっていて、ガラス戸付きの展示棚がある。

［家庭科メディアスペース］家庭科室と給食室の間にある、落ち着いた雰囲気の空間。中央の扉は家庭科ステーションの出入口。

［給食室］廊下側の壁の一部がガラスになっており、食育の場にもなっている。生徒たちも、昼食前になるとこの前を通るほど。

［多目的ホール］吹き抜けになっており、2階からも中の様子が伺える。既存樹のサクラを使ったタペストリーや給食室が見える窓を設けている。

2F
- 英語／社会
- メディアセンター（図書室＋パソコン教室＋進路資料室）
- 1年生HB
- 和室

2階は、英語と社会のフロアで、国際系の教科のまとまりをつくっている。
このフロアには、1年生のホームベース（HB）があり、
朝夕の学級活動、給食時は1年生が使用する。
西側には図書室、パソコン教室、進路資料室がまとまって配置され、
メディアセンターを形成している。

［和室］中台中には家庭科部があり、毎週茶道や華道の先生が来て教えてくれる。和室は、茶道の先生の流派にあわせてつくられた。

和室の外には小庭があり、四季のうつりかわりを楽しめるようにもなっている。

[社会の教科ステーション] メディアスペースに隣接して、教員の常駐する教科ステーションが設けられている。質問・回答や課題提出のほか、棚を使って教科の楽しみを伝える場所としても活用している。

30人教室
学年ラウンジ
英語教室／1-A
HB
英語メディアスペース
英語ステーション
社会教室
英語教室／1-C
社会ステーション
HB
社会教室／1-D
HB
社会教室／1-E
HB
社会メディアスペース

ホワイトボードなどの設備を使い、メディアスペースと教室を一体的に活用している社会の授業。

［英語メディアスペース］吹き抜けになっており、見る・見られることに慣れていけるような場所としている。

メディアスペースを使って、グループごとに ALT と英会話の勉強をしている。授業は普段から引き戸を開放して行うことが多い。

［社会メディアスペース］東側の角にあり、少し落ち着いて読書や勉強ができる場所になっている。

- 国語／数学／理科
- 2・3年生HB

メディアセンターの直上に国語のエリアを配し、上下での連携を考えている。
数学は少し落ち着いて学べるよう、校舎内で一番静かな3階東側とした。
また、北側に2年生HB、西側に3年生HBがある。

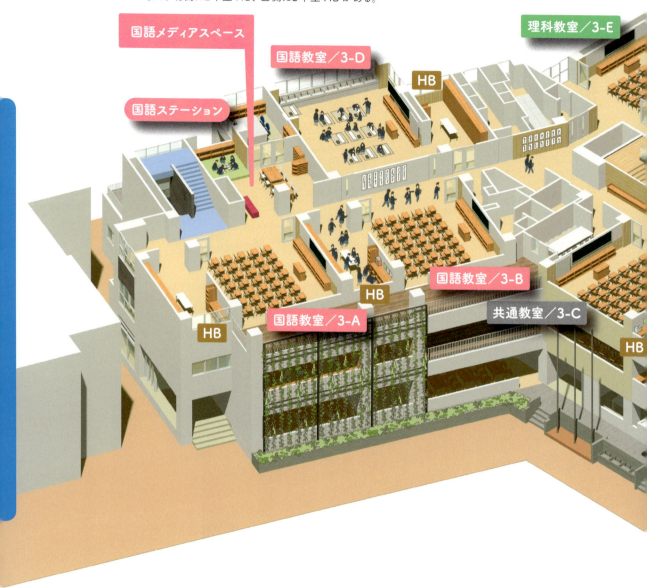

[ホームベース]放課後、部活動の活動場所としても使われる。写真は、演劇部の本読み場所として使用しているところ。

［ホームベース］ホームルームとしても使用する教科教室には、すべて「ホームベース」というクラスの空間が隣接している。個人ロッカーのほか、クラスの棚や掲示板が備え付けられている。

［学年ラウンジ］生徒たちが集いお喋りできる空間。カーテンの向こうにはテラスもあり、夏場は外に出て過ごすこともできる。

［国語メディアスペース］畳の小上がりがあり、百人一首好きの生徒が早朝や放課後に集まって利用している。

［数学メディアスペース］社会と同じで、静かに勉強できるよう、東角に位置している。電子黒板が置いてあり、授業での活用や生徒相互に数学の問題に取り組む場所として利用している。

4F

- 理科
- 音楽室
- プール（屋上）

理科は、環境学習での展開を考え、屋上緑化されたテラスに近い4階とした。
音楽は、音の性質を考慮して、周囲に一番影響の少ないであろう
4階校庭側に設けた。
プールへは、半階上がっていく。

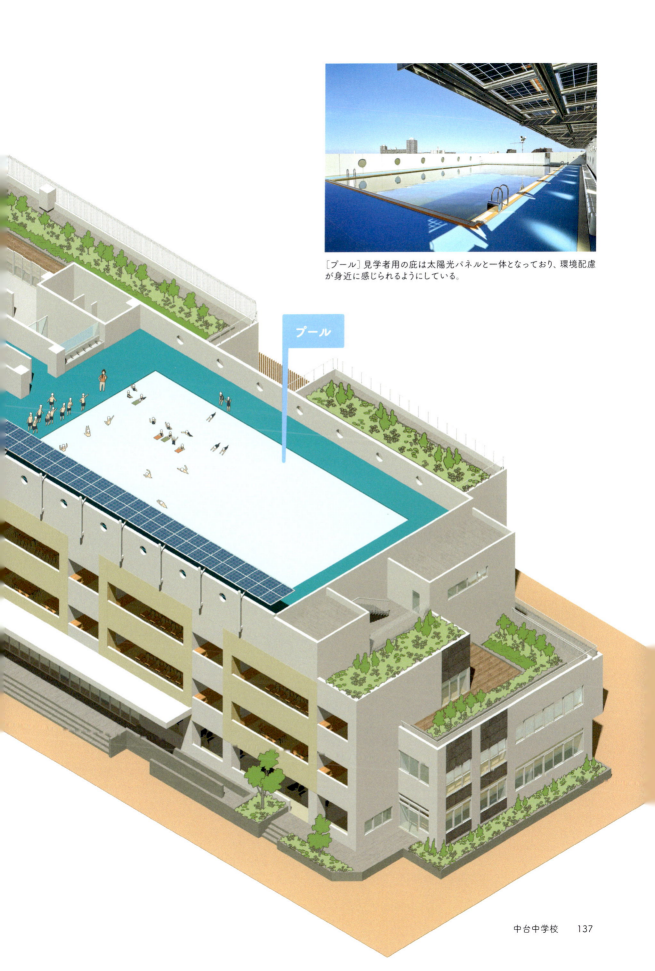

［プール］見学者用の庇は太陽光パネルと一体となっており、環境配慮が身近に感じられるようにしている。

［テラス］理科実験室横のテラス。屋上緑化されており、生徒の憩いの場でもあり、環境教育の一貫としても使われる。

［音楽室］メディアスペースと音楽室が一体となって一つの空間を形成している。必要に応じて防音間仕切りを使って区切り、パート練習などに利用する。

［理科実験室］長方形の長手側に教壇を設けた「アーチ型」教室になっている。設計段階では短手側に教壇を据えていたが、生徒がよく見えるアーチ型を教員が強く希望し、現場で反映された。

［理科メディアスペース］理科実験室前にあり、科学部の生徒たちが活動できるよう、実験台を備えている。また、太陽観察やビオトープ観察などの野外実験もできるよう、テラスが設けられている。

中台中学校

中台中学校の特徴

ゾーニング計画

立体的な連携を考えた、
コンパクトな教科センター方式

コの字型からL字型へ

中台中学校は、三校同時改築プロジェクトで最後に竣工した学校である。基本・実施設計は3校同時に進められたが、先につくられた2校の経験に基づき、建設前に調整が加えられてつくられた。

赤二中では、小学校と隣接していることや、敷地面積が大きかったため、地域連携を強く意識したゾーニングとなっていた。一方、中台中は面積上の条件が厳しく、なおかつ体育館棟は改築対象外であったため、全体をコンパクトに収め、まずは学びの場をどのようにネットワークさせるかが考えられた。

教科相互の連携を図るゾーニング

教科センター方式を導入するにあたり、まず考えられたのは教科相互のまとまりである。具体的には、家庭科、技術、美術などを「創作系」、メディアセンターと国語を「文学系」、英語と社会を「国際系」、数学と理科を「理数系」と位置づけ、それぞれの連携を図るというもの。これらを平面、あるいは立体に隣接させつつ、教科ごとの特徴（屋外実験のしやすい4階に理科を置くなど）や、地域への配慮（音の出る教科を校庭側に配するなど）を考慮し、全体を構成していった。立体型の組み合わせは、赤二中よりも強く意識されている。

その上で、地域交流などに使われる多目的ホールを1階昇降口の目の前に配置した。中台中では落語家や能楽師などを招いた日本の伝統芸能体験授業を行っており、そうした際にもこの場所が使用される。

ホームベースを2層に集約

中台中の特徴であり、赤二中と大きく違うところは、ホームベース併設型といわれる教室配置だ。これは、教科教室をクラスのホームルームとして割り当て、隣接するホームベースに人数分の個人ロッカーとクラスの掲示、共有物を収納する棚を設け、クラスの拠点とするタイプである。中台中では、2階に1年生のホームベース、3階に2・3年生のホームベースを配置している。設計当初は、2−4階に1フロア1学年ずつという案も出ていたが、教科教室間を移動することを考慮すると上下移動がなるべく少ない方がいいということ、また大人の目も行き届きやすいよう2フロアに固められた。

学年ゾーン

教科センター方式の場合、すべての生徒が学校の空間全体を利用するので、学校への愛着や、他学年間のコミュニケーションが生まれるというメリットがある。しかしその一方で、生徒の心の拠点となる居場所をつくることも求められる。

赤二中ではその懸念を払拭するために、全員が着席できるホームルームを設けるという方法を採った。一方、中台中のホームベースは約30㎡程度で、全員は着座できないため、さまざまな場

[図1] 中台中のゾーニング

所に生徒の居場所となる空間を設けている。その一つが学年ラウンジで、学年ごとに1カ所、流しスペースを整備し、お喋りできるソファを設えた。1・2年生の学年ラウンジにはテラスも設けている。

教科のゾーンと学年のゾーンを重ね合わせることで、生徒は学校中のすべての空間を日常的に利用することになる。空間の利用率が高く、他学年間のコミュニケーションが活発になる配置計画といえるだろう。

中台中学校の特徴

平面計画

ホームベース＋ダブルコリドーで
学習のコアを形成する

ダブルコリドーで
速やかな移動と交流のある校舎に

教科センター方式では、授業と授業の間の短い時間に全学年の生徒が大移動をするため、動線計画が特別教室型よりもシビアになる。そのため、速やかな移動が可能であること、かつ動線の選択性が高いことが望まれる。

中台中では、2階、3階のL字形平面の長手に、平行する2本の廊下を配するダブルコリドーとし、その軸線上に上下階の移動のための階段を配置することでその課題を解決している。1階の昇降口から2階へ上がるための階段は、朝の登校時間に全学年が使用するため、学校のシンボルでもある大階段を採用している。

赤二中でも採用しているダブルコリドーは、移動を快適にするだけではなく、中学校教育の重要な要素とされる生活指導にも有効な形式である。2本の廊下の間に教科メディアスペースを配置し、教員が常駐する教科ステーションや準備室を学校全体に散らせることで、大人の視線を行き届かせるという大きなメリットがあるのだ。

メディアスペースを中心とした教科ゾーン

ダブルコリドーをホームベース併設型で使用することで、メディアスペースと教科教室を近接させることが可能になる。授業に来た生徒が、情報量豊富なメディアスペースを経由することで、気持ちがその教科に切り替わる役目を果たすし、メディアスペースを活用した授業展開も考えられる。

また、教科教員室、展示棚、掲示板、課題提出棚などを集約させた「教科ステーション」を教科ゾーンに配置している。これによって、生徒は教員への質問や課題提出がしやすく、教員も教材を移動しやすい。教科教員の執務空間がメディアスペースの近くにあることで、掲示物や資料の充実・更新がしやすくなり、なおかつ学校の要点となるメディアスペースの近くに大人の目を配することで、各フロアの管理にも寄与している。

教科ステーションの間仕切りにガラス棚を設けることで、ディスプレイしたくなる気持ちを誘発し、かつ視覚的なコミュニケーションが生まれるなど細やかな工夫もなされている。

室内に自然環境を採り入れる

中台中の構成のもう一つの特徴は、自然を採り入れた平面計画である。ダブルコリドー、両側教室配置すると、奥行きが深くなり、校舎の内側まで光や風を採り込むのが難しくなる。そのため、各フロアにいくつもテラスを設けたり、3階には光庭をつくるなどして、自然環境の採り入れを図った。近年の教育施設は全館空調が基本になってきており、昔よりも温熱環境は快適になってきたが、やはり閉めきった部屋に長くいるのはあまり精神衛生上よくない。外の空気や陽の光に触れやすくすることで、健やかな身体を育み、学習にも効率的に取り組めるような環境とした。

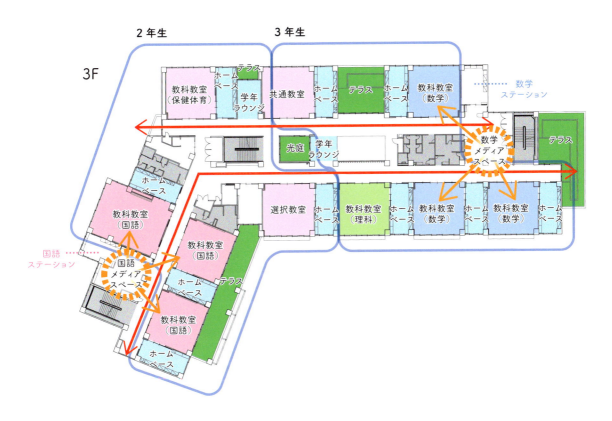
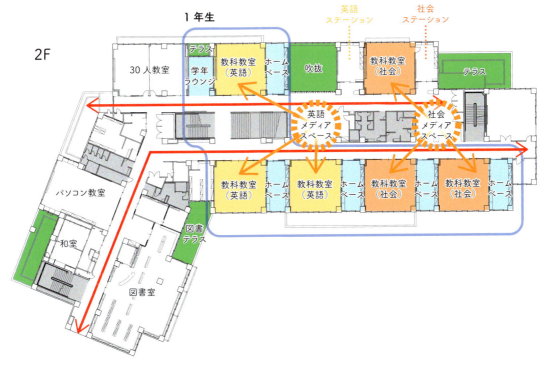

[図2] 中台中の平面計画

中台中学校の特徴

メディアスペース

教科の特徴と敷地にあわせて
メディアスペースの特徴をつくる

教科の専門性を高め、中台中の目指すアクティブラーニングに欠かせないのが教科ごとに設けられたメディアスペースである。中台中では、それぞれのメディアスペースの形状が異なっているため、より特徴的な設えが可能となっている。

コミュニケーション重視の英語は
吹き抜けで開放的に

2階中央の英語メディアスペースは、1−3階をつなぐ重要な位置に設けられている。1階とは多目的ホールの吹き抜けに面していて視覚的につながっており、3階とは上部の吹き抜けで空間的に連続する。このことで、見る・見られるの関係をつくり積極的なコミュニケーションを誘発し、学校全体の雰囲気を伝える空間となっている。

また個別学習やスキットなど多様な学習展開に対応できるように、家具レイアウトの自由度を高められるスペースを確保している。柱と壁の間に棚を設けて分節することで、集中して学習に取り組める小スペースも生んでいる。

立ち寄りやすい交流の場となる

L字の長手の端部に設けられた社会と数学のメディアスペースは、ダブルコリドーの端部にあり、入り隅の空間構成となっているため、英語のメディアスペースよりも落ち着いた空間となっている。

動線とメディアスペースを緩やかに分節するため、低い書架を設置したり、柱を利用したりしている。天井の仕上げも廊下とは異なる木製ルーバーとすることで、空間性の違いを表現している。掲示物の吊り下げなどにも対応できる設えである。

［英語メディアスペース］コミュニケーションやプレゼンなどに慣れることもこれからの教育の一つの目的だ。部分的にアルコーブになっており、放課後自習をする生徒もいる。

［社会メディアスペース］グループの協働学習でメディアスペースを活用する。資料やホワイトボードを使って、学びを深め、手持ちサイズのホワイトボードにまとめて発表する。

［数学メディアスペース］左奥のPS扉はホワイトボード塗料が塗られており、マーカーで数式なども書くことができる。

各教科の特徴が出た掲示物。左上から数学、英語、社会の掲示物。

国語メディアスペースには畳

3階の奥に設けられた国語メディアスペースには、イスと机の学習だけではなく、書写や百人一首もできるように6畳の畳スペースをつくっている。小上がりになっているので、休み時間に縁側のように腰を掛けてくつろぐ生徒も見られる。

また奥まったスペースのため、教科ステーションをメディアスペース内に置くことで、教員の目が行き届き、生徒にとっても相談がしやすい、互いに親和性の高い空間計画となっている。

色と掲示物で教科ゾーンを明示する

赤二中では教科のカラーを生徒アンケートを基に決め、直感的に空間認識ができるようにした。中台中では、赤二中のカラーをベースに、少しパステル調にした教科の色を大きく配している。

メディアスペースの掲示物は、学校・教員ごとの工夫があり、同じようにつくってもカラーが出て面白い。中台中では、ラミネート加工したものが多く、掲示物が長く使えるような工夫がされている。また、ピクチャーレールから紐を垂らし、各掲示物をジョイントクリップで止めることで、木壁を傷つけないよう配慮もしている。画鋲を使わない分、安心感もある。数学メディアスペースでは横長の掲示板で公式の展開を示すなど、教員の工夫によってメディアスペースも生きている。

中台中学校の特徴

教室・ホームベース

教室を共有化することで、学びの場にふさわしい場を保つ

大きなロッカーに荷物をしまい身軽に動く

これまでにも触れているように、中台中ではホームベース併設型を採用しており、教科教室に隣接するホームベースが唯一のクラスの占有空間となっている。

中台中の生徒は、登下校用のスクールバックのほかに、校内移動用のトートバッグをロッカーに常備している。登校後、まず自分のロッカーまで行き、スクールバッグをロッカーにしまい、必要な学習道具をトートバッグに入れて1時間目の授業へ行く。だいたい、2時間分の教科書を持ち歩き、2時間目が終わるとまたロッカーに戻り、3・4時間目のものに入れ替えてまた次の授業へと移動する。一方、赤二中のロッカーはスクールバッグと教科書を入れるにはやや小さく、生徒は1日分の授業道具を持って校内を移動する。そのため、スクールバッグを置くスペースがない教室などでは、廊下にバッグを置いて授業を受けていたりする。中台中では、もう少し生徒が身軽に動けるよう、大きなロッカーを整備して、こうした移動形式とした。校舎がコンパクトで、教室間距離が近いからこそできたことでもあるだろう。

扉を開放することで広い教室にする

教科教室とホームベースの間は、幅1.5mの3枚引き込み戸で仕切っており、状況に応じて一体的な空間として使用することができるようになっている。給食時は、ホームベースを配膳のための空間として利用することで、授業が延長していても先に準備が進められるという利点もある。

また、当初の想定では、ホームルームとして利用するときは開放し、授業時には閉めて使うような考えであったが、実際には、教室・廊下・HBの引

ホームベースにつくられているクラスの共用スペース。朝読書用の文庫置き場などもある。引き戸も掲示板として使用できるようになっている。

赤二中のロッカー（左）と中台中のロッカー（右）。赤二中はロッカーには教材を入れ、上下にバッグを置くような計画。中台中は縦長で、トートバッグやコートを掛けられるようになっている。

[教室] 中台中の教室（左）と赤二中の教室（下3点）。
中台中の教室は、クラスのものも教科のものもなくニュートラルな状態が保たれている。
赤二中の教室は、3つとも社会科の教室だが、机配置や掲示物に教員それぞれのカラーが出ている。

教室は廊下より天井高が高く取られており、40人入っても圧迫感を感じないよう、また意識が転換されるよう工夫がされている。

教室内には掲示しないが、教室扉の廊下側には学年の掲示ができるようになっている。

き戸はすべて開けた状態で使用することが多く、のびのびとした雰囲気の中で授業ができているという。もちろん、テストなど閉める必要があるときには閉めることができるが、基本的にはオープンであることが、三校同時改築の理念とも合っているといえる。

教室はニュートラルに保つこと

ホームベース併設型では、ホームベースにクラスのカラーを出せる分、教室側はニュートラルに保つのがルールだ。これは教科の教員にも同じことがいえ、ちょっとした授業道具は置いておくが、基本的に、教材は教科ステーションに持ち帰る。教室の主を特定化しないことで、非常にきれいな状態で運用がなされているのだ。学習の履歴や関連情報を掲示していくメディアスペースとは対象的な空間としている。中台中では、この2つの学びの空間のコントラストをはっきりさせることで、授業への集中を促すよう意図されている［p.180参照］。

一方、赤二中では、これとは逆に、教科教室に教員のカラーを出すことで、授業準備の効率化や醸成された学習環境の創出を図っている。

中台中学校の特徴

多目的ホール・大階段

あらゆる活動を受け止める、大きく明るい木の空間

三校同時改築プロジェクトの核の一つである多目的ホール。中台中では、昇降口と来客用の玄関の動線が交差する位置に多目的ホールを設けた。2層吹き抜けの、木のぬくもりに包まれた居心地がよい空間である。学年集会や、保護者会などにも利用される。吹き抜けの2階壁面をガラス窓とすることで、明るい環境を生み出し、自然なつながりを築くことで、視覚的なコミュニケーションも誘発する［図3］。

多目的ホールは、日常的にはランチルームとしても利用されるため、食育を考えて隣接する給食室との間に、FIXのガラス窓が設けられている。

着席数は最大で120名程度、イスだけであれば1学年（150名程度）が入れる。伝統芸能体験など、学年ごとの行事にも使えるようになっている。

また、道路側を全面ガラス窓にすることで中で何が行われているか見えるようになっている。これもまちに開いた学校のあり方の一つだ。

多目的ホールの前には大階段があり、すべての生徒が、登校後、この大階段を通って自分のクラスへと向かう。生徒たちの気持ちを学校生活へと向かわせる、象徴的な空間となっている。

［大階段］学びへ向かう生徒、教員、来校者すべてを迎え入れる。

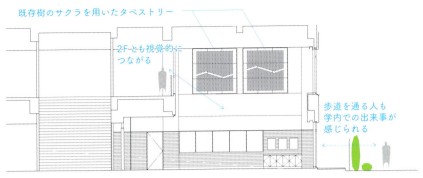

[図3] 多目的ホール・断面図

落語体験の様子。この時は落語家が来校し、学年ごとに高座を披露した。

能楽体験の様子。子どもたちは窓側を向いて床に座り、能楽について学んだ。

[多目的ホール] 窓サッシュは内側が木の木・アルミ複合サッシュが使用されており、あたたかみある空間になっている。

中台中学校

中台中学校の特徴

メディアセンター

機能を複合化して
メディアセンターを拡張する

　図書室とパソコン教室に加え、図書ラウンジ、進路資料室を合わせてメディアセンターを形成しているのが中台中の特徴だ［図4］。2階のL字短手に配置している。1階からは大階段を上った先にあり、2－3階にある各学年のホームベースからもアクセスがよい、学校の中心となる位置にある。

　図書室は、木をふんだんに用いたあたたかみのある内装としている。天井や壁はもちろんのこと、RCの柱も周囲を木材で巻いたり、窓際のサッシュも内側に木肌を感じる製品を用いたり、ディテールまで細やかな配慮が施された、落ち着いて学習に集中できる設えである。

　また、進学目標となる高校の資料を置く進路資料室と隣接し、廊下を通らずに出入りできるようにするなど、生徒の学習意欲を高め自習を促す配置となっている。

　窓際の閲覧席や、外気に接することができる図書テラスも、居場所選択の多様性を高め、また息抜きの場としても有効だろう。

　メディアセンターの中心に位置する図書室の入口には、憩いの場となる「図書ラウンジ」を廊下からセットバックしたかたちで配している。木のベンチやソファ、本の展示棚があり、気軽に本に接する機会を提供する。

　パソコン教室は、校内に整備されたLAN環境と接続するパソコンやタブレット型PCを利用し、ICT活用の教育に対応する場である。中台中は、「いたばしの教育ビジョン」の実現に向けて、指導力向上研究推進校の指定を受け、先進的な授業に取り組んでいる。また、学校独自に企業などの教育財団から研究助成を受け、ICTを用いた教科センター方式の効果的な活用を研究している。現在では、タブレット型PCによるデジタル教科書を用いた授業に取り組むなど、革新的な授業を試みている。こうした新しい教育ツールとともに、メディアセンターの利用も将来的に変革されていくことが期待される。

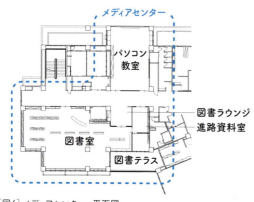

［図4］メディアセンター・平面図

［パソコン教室］現在はすべてのコンピュータがタブレット型PCに入れ替わったため、パソコン教室以外でも利用が可能だ。

［図書室］日光市産の木材を基調としつつ、効果的に白い壁や天井をつくることで、抜け感のある空間とした。

［図書ラウンジ］3校のデザインコードである木のルーバーをふんだんに用いて、エントランス感を演出する。

学校づくりのメソッド化と共有

学校づくりのノウハウをまとめ、一つの方法論として体系立てることで、
「新しい学校づくり」を発展させてゆく

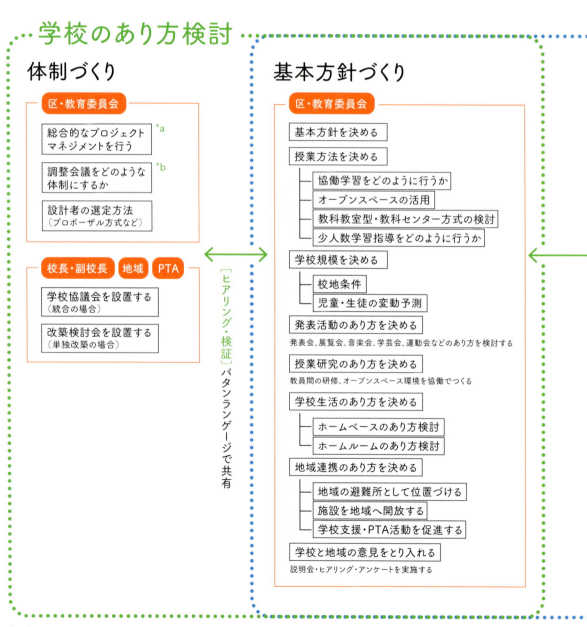

[図1] 三位一体となった学校づくり

板橋区の新しい学校づくりは、本書で紹介した3校で終わりではなく、むしろ始まりである。この3校の学校づくりは先行例であり、これまでを評価・検証した上で、板橋区の学校はどうあるべきか？どのようにつくるべきか？をテーマとして、これまで蓄積してきた学校づくりの方法を一つのメソッドとして体系立てる試みを進めている。そうすることで、その知識や経験を、「学校の教職員」「地域関係者・保護者」「区職員（教育委員会事務局）」が共有し、次の学校づくりに活かすことができるようになるのだ。学校づくりという「改築事業」は、数十年に一度、あるかないかの大きな機会。これは「教育活動」を見直す最大の好機であり、学校施設を大きな「教具」として捉えるなら、施設改築はまたとない教具購入のチャンスとなる。最大の「教具」と、「教育改革」を同時に成し得るのが学校の改築事業の大きなメリットであるのだ。

学校づくりのメソッド化と共有　153

メソッド化の1つ目のアプローチとして、2016（平成28）年3月「板橋区立学校施設標準設計指針──基本理念編」が策定された。これは2015（平成27）年9月－2016（平成28）年3月にかけて、3校の改築プロセス、先に竣工した板一小、赤二中の設計・施工についての評価・検証をもとに、学校づくりの手順や設計指針をまとめたもので、次なる改築に三校同時改築での経験を効果的・効率的に活かすために作成された。

評価・検証のために、校長や教員、さらに新たな改築校の地域関係者にも現地見学やアンケートが行われ、学校運営の実態や各教室の使われ方などが調査された。標準設計指針といっても、かつてのように硬直した仕様書ではなく、改築や改修の事例を随時評価・検証し、更新しながら、未来の学校に相応しい指針として展開させようとしているものだ。2017（平成29）年3月には同資料編が公開され、より具体的な設計指針が示された。

メソッド化の2つ目のアプローチとして、学校づくりの全容を体系化し、その局面において展開する話し合いの内容をわかりやすく言語化した手法の開発も試みられている。これは建築家クリストファー・アレグザンダーが提唱した「パタンランゲージ」手法を援用するもので、学校づくりの方法に特化した、それぞれの立場による想いが凝縮したメッセージを、課題とそれに対する解決方法の両側面からとらえた「パタン」として挙げ、それを「言語＝ランゲージ」のように体系化しようというものである。

学校づくりの手法をまとめる ［板橋学校づくりパタンランゲージ］とは？

板橋区は学校づくりのメソッド──学校づくりのコンセプトや手順、具体的な方法を示したもの──を「パタンランゲージ」という方法を使って構築してゆく。このメソッドは学校の必要とする「機能」や「役割」ごとに細分化することで見える化し、それぞれのパーツに対する関係者の「想い」を「言語化」することによって共有化を図っていくものだ。

それは一対の課題と解決方法を一つの「パタン」として抽出し、それを言語のように体系立てたもの。課題と解決方法が対になることで、なぜその方法を採るのか、関係者の間で立場や役割を超えてその理由や根拠が理解できるようになる。そのような個々のパーツに分かれた手法の数々を、ブドウの房のように体系立て、一つのメソッドができる。学校運営を中心とした「ソフト」と、施設計画の「ハード」が連動して、計画段階から未来の新築校での「活動」そのものが共有化され、共通イメージをもって改築事業に取り組んでいけることになるのだ。

実際に、板橋区で改築予定の小学校および中学校において、話し合われた内容を［図1］のような整理によって「言語化」を繰り返してゆく。

学校づくりのパタンランゲージ一例

ここでは以下にその一部を整理した試案を挙げてみる。将来的には、板橋区の学校づくりを共有化しながら検討できる一つのツールとして展開することを想定している。

a 総合的なプロジェクトマネジメントを行う

課題
関係者が多岐にわたるので、的確にマネジメントしないと、意識や考えに食い違いが発生したり、停滞したりする。

方法
情報共有を徹底し、意見反映のプロセスを明らかにして、とりまとめ、全体を見渡しながらプロジェクトを遂行する専任の担当を決める。

具体的には、新しい学校づくり担当課の設置がこれに相当し、最終決定する。計画づくりでは、建設技術の知見に偏ることなく、異分野をとりまとめる新たなマネジメントスキームを立ち上げるのは有効。

b 調整会議をどのような体制にするか

課題
会議体の組織立てや開催する時期・期間を適切に行わなければ、学校づくりの知見を上手くまとめられなかったり、手戻りすることもある。

方法
議論・検討を進める仕組みや場づくり、会議開催期間の決め方が重要。関係者同士がどのタイミングで、会議の中で決定する必要があるのかを十分検討する。

具体的には「あり方検討会」の設置などがそれに相当する。教育委員会主導で開始し、設計者が決まり次第、あり方検討会の決定した方針に沿う基本設計の内容を、会議体と常に共有することが重要である。

c 学年のまとまりを意識してオープンスペースをつくる

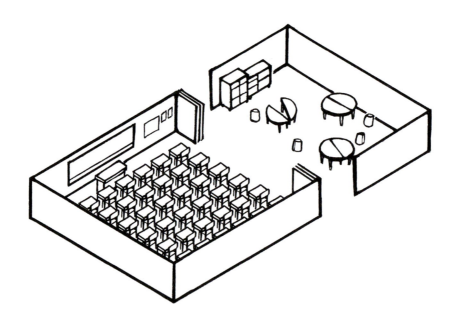

課題
主体的・協働的に取り組む力を伸ばすため、多様な指導方法・学習形態をとるためには教室はオープン化と合わせて運営することが有効である。

方法
小学校には教室と連続した位置に、学習環境として整えられたオープンスペースを設置する。この空間によって、主体的・協働的に取り組む力を伸ばし、多様な指導方法・学習形態が弾力的に行いやすくなる。またオープンスペースは複数の教員で管理運営することが望ましく、そのために学年のまとまりを意識した配置による全体ゾーニングが有効である。

検証や研究授業の実例をもとにして成果の出る取り組みを行う。教員の研修・学ぶ姿勢も重要。

d 十分にゆとりのある、家具を設え、その配置に配慮する

課題
十分な家具・内装計画をすることで、オープンスペースの使い勝手は格段に向上する。有効に機能するアクティビティを成り立たせるため、家具の計画には十分な検討が必要となる。

方法
オープンスペースには多様な学習を支える家具を用意する。
　小学校低学年では床面を使った活動が多いので座卓などを用意する一方、高学年では組み合わせテーブルなどを整備する。
　また、掲示、展示面をつくることが重要。さらに、教材などを保管する収納スペースや教材準備のコーナーが必要になる。
準備スペースには水場も有効である。

オープン方式の学校は整然とした大きな空間が重要。活発な活動は整然とした空間が肝。

e 教科と関連づけた教科センターを構成するとともに、ホームルームの機能を両立させる

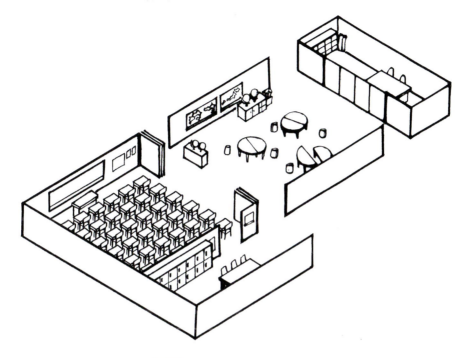

課題
主体的・協働的学びの習得を促し、一方で、学級活動のまとまりを演出する空間が必要となる。
　教員が協働して環境づくりを進められる教科スペースは重要である。

方法
中学校の学習活動は、豊かな展開を期待する一方、中学入学時の1年生には不登校問題を意識する。居心地のよい空間は期待感あふれる学校生活を連想させ、登校意欲が期待できる。また、教科ステーションは生徒同士が教え合う場づくり、自主学習の学びの環境を構築する。教科の特色に応じた環境と教員からのサポートができる体制づくりを確立する。

生徒と教員が一体感をもてる空間と教育活動が必要。生徒も教員も学びを展開する主役となる。

f 教科教室を専用に活用できるように、ホームベースを教科教室に隣接して配置する

課題
教科センター型の学校運営方式を採用する場合、クラスの専用空間として、心理的拠点が必須となる。

方法
他クラスの生徒も授業に利用する教科教室とは別に、クラス専用の空間「ホームベース」を用意する。ホームベースには生徒の心理的拠点として温かみのある空間が求められ、内装や家具には積極的な木材使用が有効である。クラスの帰属意識を育てる学級づくりが重要である。

帰属感ある専用教室が生徒の心理面で重要。クラスの一体感は学校活動の中心となる。

第 4 章

実践段階

教職員の理解と協力

"新しい教育"を始めるために、続けるために

長澤 悟（ながさわ・さとる）
教育環境研究所所長／東洋大学名誉教授／工学博士／三校同時改築 学識アドバイザー

「教育は人なり」

学校づくりを始めるとき、「教育は人なり」という言葉は一旦封印する。施設をはじめ、教育環境の条件整備が二の次になる恐れがあるからである。教育改革を目指して思い描いた施設環境が実現したとき、その言葉は復活する。

実際、校長が替わって学校が変わる、学校づくりを議論した教職員が一挙に異動して、学校の空気が変わるということも経験してきた。目指した教育の実現に向けて、学校のカリキュラムが確立するまではリーダーシップをとった校長や教職員には当座は変わってほしくないというのが正直な気持ちである。その間に人が替わっても揺るがない学校の教育目標を踏まえたカリキュラムを構築し、教育環境構成の基本方針や実施体制を整えることが大切である。

また、学校づくりの理念を理解し、継続・発展させる意欲のある校長や教職員を選任することも重要である。意欲的な教育実践を長く継続している学校を訪れるとそのような話を聞かされる。同じことはイギリスやアメリカの先進校でも聞いたので、洋の東西を問わない。まさに「教育は人なり」である。公立学校では教育委員会の大きな仕事、役割としてそれが期待される。そのためには、板橋区の目指す教育、学校の取り組む内容を広く発信する努力も必要とされる。

一方、校長や教職員は異動しても、変わらないのが保護者であり、地域の人々である。これらの人々を巻き込んだ学校づくりのプロセスは、施設完成後に目指した学校づくりの理解者・支援者として、それを伝達する役割を果たしてくれる人々を発見し、育てる場でもある。

［図1］中台中での公開授業研究会

［図2］公開授業後の振り返りワークショップ

研究体制の支援

学校の研究体制を整えることが大切なことはいうまでもない。教育委員会には学校設置者としての教育目標を明確にした上、そのための教育研究開発に対する予算も含めた支援が求められる。教員は日常の実践者であるが、それを評価し、改善すべき問題点や課題を示し、新しい情報を提供しながら発展させていくというPDCAサイクルを回すことが大切である。その点で教育支援センターには大きな役割が期待される。また研究テーマに即して、外部の専門家を定期的に招いての継続的な研究体制づくりや授業公開研究会の実施も図りたい〔図1-3〕。

生徒の力の活用

教員の多忙さが教育的取り組みの進展を妨げているという声が近年よく聞かれる。指導案や教材づくりまでで手一杯で、オープンスペースの学習環境構成まで手が回らないという悩みがある。オープンスペースや教科メディアスペースは、鮮度の高い環境づくりが大切で、それが子どもたちを主体的、積極的な学習に誘う力をもつ。そのためある学校では、教科ごとに生徒から希望者を募り、生徒たちの協力で教科や単元の内容に即した学習環境づくりを行い、効果をあげている。中学生にはそれだけの力がある。

ホームベースについても、クラス対抗のホームベース環境づくりコンクールを定期的に行い、模様替えと同時に、クラスのまとまりを高める機会として活かしている学校もある。

学校間の連携

教科センター方式については、学校間の教育実践や学校運営上の課題などについて情報交換し、学校間の連携を図り、協力を進められるとよい。そのための場として、任意参加の教科センター方式ネットワーク研究会を福井大学教職大学院の松村健一教授とともに立ち上げ、実践校を会場として会合をもっている。各校の工夫や、立ち上げ時の苦労を共有し、活用することにより、個々の学校の研究テーマに精力を注げるようにしたい。

教科センター方式については、板橋区では次に改築が予定されている上板橋第二中学校（向原中学校と統合）を交えて赤二中、中台中との3校の連携、オープンスペース型小学校については、板一小や大谷口小学校の取り組みや問題点を整理しながら、計画中の板橋第十小学校を含めた研究体制づくりを進めたい。

改築3校は教育ビジョンを踏まえて計画、建設された。その施設を生かした教育実践の積み重ねがまた教育ビジョンを肉付けし、板橋の教育を発展させ、板橋区を発展させる力になることが期待される。

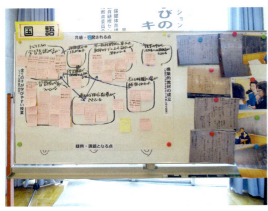

〔図3〕振り返りワークショップでの成果

板橋区の取り組み

行政の手厚いサポートが
学校現場の改革を加速させる

各校が実践の成果を分かち合う

板橋区の教育改革の強みは、学校現場と行政が強く結びついて課題にアプローチしていることだ。教育委員会によるさまざまなサポートがあるからこそ、各校は新たな取り組みにも前向きにチャレンジできる。

板一小・赤二中・中台中の実践からもわかるように、板橋区では各校の主体性を重んじて教育改革を進めている。それは学校ごとにバラバラに取り組んでいるという意味ではない。教育委員会が明示した教育ビジョンや学び支援プランを各校が共有し、それぞれが研究・実践を深め、その成果を公開授業・研究授業で発信したり、板橋区庁舎内に創設された教育支援センターでの研修や発表会を通して広めたりすることで、区全体の教育改革につなげている。

こうした教育改革の牽引役となるのは、教育委員会が指定する各種の研究奨励校である。とりわけ教育改革の軸となる板一小・赤二中・中台中の3校は、大学の先生を指導者に招き入れ、いずれもさまざまな指定を受けている。一例を挙げると、2016・17（平成28・29）年度、赤二中・中台中はともに「指導力向上研究推進校」として、生徒の主体的な学びを重視した授業の工夫・改善について、教科センター方式を活用して研究している。また板一小は「いたばしの教育ビジョン研究奨励校」として、自ら考え表現し、学び合う授業づくりについて、オープンスペースを活用して研究している。3校を含む研究奨励校は授業公開を含む研究発表会や教育支援センター主催の研修会にて、その成果を区全体に広めている。

「教育ビジョン」を更新して、実行力のある施策を引き出す

2008（平成20）年度に策定した「いたばしの教育ビジョン」では、目指す子ども像とともに、学校や家庭、地域の将来到達すべき教育のあり方を設定し、中長期的な方向性を示した。これを引き継ぎつつ、2015（平成27）年度、新たに策定された「板橋区基本構想」「板橋区教育大綱」を受けて、「板橋区教育ビジョン2025」を策定。「教育の板橋」の実現に向け、今後10年間の教育が中心的に担う人づくりの方向性を示した。そして、板橋区教育ビジョンに掲げる将来像の実現に向けて、また、板橋区の子どもたちの現状を踏まえ（自己肯定感の低さ、学んだことを体系付けて考え、表現する能力の弱さなど）、「子どもの学びを保証する教育環境の確保」「これからの社会を生き抜く力の育成」「地域と共に学び合う教育の推進」の3つを基本的方向性として設定し、9つの重点施策からアプローチしている〔図1〕。

「板橋区教育ビジョン2025」は3期に分けて推進することとし、第1期（2016－18／平成28－30年度）の具体的な施策をまとめた「いたばし学び支援プラン2018」も同時に策定された。このプランでは9つの重点施策ごとにさまざまな事業を定め、全校が足並みをそろえて教育改革に取り組むように促している。

1. 確かな学力の定着・向上
2. 豊かな人間性の育成
3. 東京2020オリンピック・パラリンピック競技大会を契機とした教育の推進
4. 誰もが希望する質の高い教育を受けられる環境の整備
5. 保幼小中のつながりある教育の実現
6. 安心・安全な教育の推進と学校環境の整備
7. 地域による学び支援活動の促進
8. 生涯学習社会へ向けた取組の充実
9. 家庭における教育力向上への支援

［図1］「板橋区教育ビジョン2025」9つの重点施策

たとえば、重点施策の一つ、「確かな学力の定着・向上」では、「板橋区 授業スタンダード」を示している。区が授業の基本的なかたを示すことで、これまで教員個々人の経験による部分の大きかった授業を、これからの教育目標の実現に向けて変革していくねらいがある。また、目的を共有することで、各教員の得た知見・経験も共有や議論がしやすくなる。具体的には、問題解決型・探求型の授業や協働学習の導入を通じてアクティブラーニングを実践していくことや、思考を整理したり深めたりするシンキングツールおよびICT機器（電子黒板等）の活用について明示している。そのほか、アセスメントの活用、フィードバック学習（区独自の「学習ふりかえり調査」に基づいてつまずきを解消する指導）の実施など、学力の定着・向上に向けたさまざまな施策を提示している。

教育支援センターが教育改革の象徴に

「教育支援センター」による教員や子どもたちへのサポートにも注目したい。板橋区が教育支援センターを開設したのは、2015（平成27）年のことだった。その当時、23区内で教育支援センターがないのは板橋区だけで、「教育の板橋」を目指すにあたり、区庁舎の改築にあわせて設立を図った。開設にあたり都内外の教育支援センターを視察したところ、廃校施設の再利用など、利便性がいいとは言えない場所にあることが多く、十分に機能していないように感じられるケースが散見された。そこで板橋区は、教育支援センターを教育の中枢機関として機能させることを目指して、2015（平成27）年に改築された区庁舎南館に開設。教育委員会事務局と同フロアとすることで、学校現場と行政のスムーズな連携を図った。教員向けに多様な研修を実施したり、児童・生徒・保護者を対象とした相談を行ったりするほか、自由研修室（メディアセンター）では教員が自主的に勉強会を実施する姿も見られるなど、現在では教育支援センターは区の教育改革の象徴的な場となっている。

2015（平成27）年9月からは、「板橋アカデミー」という、教育関係者同士の学び合いの場を月1回のペースで開催［図2］。毎回、学校関係者、教育委員、保護者、教育委員会事務局職員等、150人近い人が集まり、これからの教育の重要課題（「アクティブラーニング」「英語教育」「アントレプレナーシップ教育」など）をテーマに、講義を行い、議論を深めている。

［図2］板橋アカデミーの様子

福井大学教職大学院との連携で授業改善が加速

　板橋区の授業改革を語る上では、福井大学教職大学院との連携も欠かせない試みだ。

　福井大学とは、三校同時改築の計画段階で福井県の先進校を視察したことがきっかけとなり、2010（平成22）年度に「福井大学大学院教育学研究科と東京都板橋区赤塚第二中学校との教職開発専攻・拠点学校に関する協定」を締結した。この協定のもと、赤二中の教員2名が福井大学教職大学院の大学院生となり、平日は中学校で教鞭を執り、週末に大学院で勉強するという形で授業づくりに関して学びを深めた。その際、目指す授業の視点とされたのは、「問題解決型・探究型の授業」「協働学習の導入」「指導と評価と支援の一体化」の3つだ。

　2名の教員が持ち帰った学びの成果は他の教員との間で共有され、学校全体で授業改善に対する意識や知見を深めていった。さらに福井大学の教員が定期的に赤二中を訪れて授業を見学し、全教員参加の協議会を行ったことも多くの学びをもたらした。

　板橋区と福井大学との連携は継続しており、現在は中台中の教員も同大学院の大学院生として学び、その成果は公開授業などを通して区全体にも広げられている。

　一連の取り組みを通して、教員の意識が、そして子どもたちの学びが確かに変化しつつある。教育委員会では強い手応えを感じながらも、教育改革はまだ始まったばかりという認識だ。これからも学校現場と「教育の板橋」の実現を目指し、一体的な関係を構築しながら確実な実践を積み重ねていく。

教師は学校で育つ

福井大学教職大学院の特徴

松木健一（まつき・けんいち）
福井大学学長補佐・教育学研究科教授

子どもが対象世界に果敢に立ち向かい、課題を見つけ主体的に探求し、対話を重ねながら協働し、未来を切り拓く学びを実現したい。教師ならば誰もがそう思うであろう。そのためには、学級（子ども同士）や学校（教師同士）を学び合うコミュニティに組織し直す能力が教師に求められている。学校の中に学び合う専門職のコミュニティをどのように醸成すればよいのか。ここでは福井大学の取り組みを紹介する。

教師という専門職

教師は他の専門職と異なり、自営業はありえない。教師の専門性は、学校という組織の中で実際的で具体的な教育的行為を遂行し、同僚とともに省察し合い、再度実践に戻っていくサイクルの中で培われている。専門職とは経験から学ぶ人のことなのであり、教師は自らの経験を省察する中で実践の意味を問い直し、再度意味づけし、より汎用性のある範例に自らの経験をつくり替えながら成長する。積み木細工のように外から知識を付け加えながら成長するのではない。教師は内側から育つのである。

　このとき、他の教師との語り合いと傾聴が重要な役割を果たしている。教師は他の教師の実践を傾聴しながら、同時に自己の実践を振り返るのである。他者の実践を傾聴していると、語られている実践と同類と思われる自己の経験が想起され、教師はそのときの実践の意味を、語られた文脈に沿って組み立て直しを試みているのである。そうすると、自身の過去の実践が別の角度から光が当てられ、新しい意味を帯びて浮かび上がってくる。教師の熟練化は、自身の実践経験の積み重ねによってのみ達成される。しかし、上述したような教育実践の語りと傾聴を通して、教師は自身の実践経験を超越し、より普遍的な知に近づくことができるのである。肝心なのは、学校の中にこのような教師同士が学び合うコミュニティが存在するか否かである。子どもが育つ学校は、教師が育つ学校である。そして、子どもが学び合いの中で成長するように、教師もまた学校の中の学び合うコミュニティの中で成長するのである。

学校を基盤とする研修システムを構築する（学校拠点方式）

福井大学の教職大学院は学校拠点方式[※]である。学校の抱える課題を、学校で同僚と協議しながら解決する学校改革のための大学院である。従って、現職教員院生は校務をしながら、むしろその校務の内容が大学院の研究テーマとなっている。大学教員はその学校での現職教員院生の取り組みを支援できるか試されているわけである。こういった理念を掲げるゆえに福井大学の教職大学院は、しばしば校内研修（OJT）と混同される。しかし、教職大学院ではOJTに潜む教育活動の形骸化やマンネリ化を防ぎ、新たな教育実践を創造するための4つの手立てが、教育課程の中に講じられている。この手立ては、教職大学院に限らず、学校で授業研究会を組織する場合

にも極めて重要である。次に、その手立てについて説明しよう〔図1〕。

①日々の教育実践の省察に加え、長期実践の省察をする機会をつくる

日々の実践の振り返りは重要である。しかし、授業研究会などではどうしてもそのときの子どもの発言、教材や教師の発問の良し悪しが論議され、明日の授業に向けての会となる。しかし、残念ながら教師の授業実践の基盤にある教育観・子ども観や価値観の問い直しには至ることができない。ところが、いくつかの実践記録をつなぎ、長期の実践をまとめようとすると、ストーリー、つまり物語が必要になる。この物語は教師の価値観抜きには表現しえないものである。教師は長期の実践をまとめ、吟味し合う中でようやく価値観や信念を問い直す機会に遭遇するのである。教職大学院の教育課程では、日々の実践から次第に長期の実践に目が行くような配列がなされている。

②他の専門職や他校の教員とじっくり語り傾聴し合う機会をつくる

教師の実践経験の省察は、他者へ自己の実践を語ることや、他者の実践を傾聴することで深まることは、すでに述べてきた。この時、他者が同僚のような身近な他者か、異なる校種の教員や異なる専門職のような、経験の共有が困難な他者かによって、省察内容は変化するものである。身近な他者は、実践等についての共有点が多いがゆえに、前提抜きで気楽に話ができ、明日の授業に向けて準備ができる。ところが、経験の共有が困難な他者に対しては、他者と共有できる教育的価値のところまで一旦立ち返って、そこから論を組み立てて語らなければならない。その分、自らの実践の意味を根底から捉え直す機会が確保できるわけである。同僚と日々語り合う機会から、当該学校の関係者以外が含まれる機会を学校のサイクルにあわせて設定することが必要となろう。

③他の実践記録や理論書を読み、語り合うことで自己の実践を異化する機会をもつ

傾聴し語り合うことに並列して、実践記録や理論書を読む、または実践を書くということが、専門職としての教師の力量形成には欠かせない。傾聴や語りは、会話内容・視線・表情・雰囲気など多様な信号系の交信によって成り立っている。しかも、他者の思考を経ての発言であるがゆえに、対話の中でわかったつもりが、いざ書こうとすると書けないものである。文字という単一の信号系では、論理的に組み立てることが強く求められてくる。教師は読み書きすることで自らの思考を鍛えることができるのである。そういった思考過程を組み込むことが重要であろう。

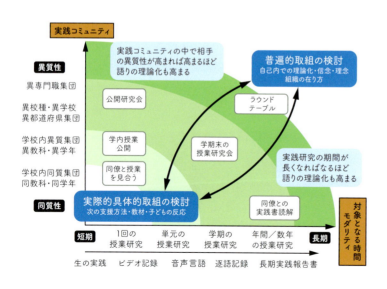

〔図1〕多層な学び合うコミュニティを教育課程に組織する

④長期実践報告を書き綴り、語り合うことで、日々の実践の省察から教師としてのアイデンティティの捉え直しを行う

教職大学院では2年かけて長期実践報告書を作成する。作成されたものは、次の世代の学修はじめに読まれ、検討されることになる。そうやって、個々で蓄積してきた知見が継承されるとともに、吟味され共有されることによって、文化が想像されるのであろう。

学校拠点方式を運営する
（多相な学び合うコミュニティを同時運営する）

福井大学の教職大学院の授業は、すべてチームティーチングで行われている。専門や経験の異なる大学教員は、眼前で展開する教育実践を支えながら、同僚の大学教員の前でたえず自身の専門を再構築することが求められている。また、講義のような一方向的な伝達様式の授業は存在しない。たえず、実践の文脈に即して、そこで必要となる専門的情報や資料の提供がなされるかが問われている〔図2〕。

このような取り組みを実施していくためにはFD（授業改善等の組織的な取り組み：Faculty Development）やPD（専門的能力の開発：Professional Development）が極めて重要になってくる。教師が教室での（授業での）子どもたちの学び合うコミュニティを構築しようと思うと、教師自身がコミュニティの一員として活かされる経験が重要であり、現場での教員集団の学び合うコミュニティが欠かせない。また、そのモデルとなるのは、教職大学院の授業における学び合うコミュニティである。現職教員院生は、大学院での授業様式を学校での研修に活かしている。さらに、大学院の授業で学び合うコミュニティを実現しようと思うと、我々大学教員自身の学び合うコミュニティが必要条件となる。福井大学では毎週半日全教員が集合してFDを実施し、大学での実践の省察・授業計画や、教育の最新情勢の確認、院生の長期実践報告の読み解き、自身の教育研究について協議と執筆等を行っている。加えて、院生や大学教員の両者にとって、大学を超えた実践交流の場が必要である。福井大学では全国規模でのラウンドテーブルを年2回開催するとともに、全国7カ所で共同開催をしている。畢竟、こういった多相な学び合うコミュニティがたえず往還しながら進行することが肝要なのであろう〔図2〕。往還が停止した瞬間、学び合うコミュニティの崩壊が始まるように思われる。専門職のコミュニティは生きているのである。

※学校の抱える課題を学校で同僚教師と協働して解決し、学校改革を推進することを目指し、大学院の授業を大学キャンパスベースから学校ベースに切り替えた大学院の授業形態。

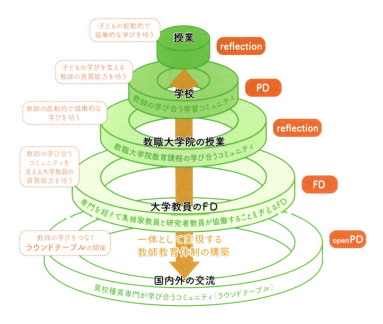

〔図2〕多層な学び合うコミュニティが同時につながりながら機能する

校長の取り組み

教職員の主体性やチャレンジ精神を引き出す
学校現場のリーダーによる働きかけ

学校の目標
各校長の学校づくりへの思い

3校が共通して目指す教育活動は、改築が計画段階にあった2008（平成20）年度に北川容子元教育長が示した板橋区の教育の方向性に表れている。それは「児童・生徒全員が参加する授業を行う」「児童・生徒が学習意欲を持続させる原動力を育てる」という、子ども主体の教育への転換を求めるものだった。3校は新たな教育環境を活用し、板橋区の教育改革の研究拠点としてそれらを推進することが使命とされたのである。

各校の校長はこのメッセージを共有し、新たな学校づくりの目標を立てた。赤二中の稲葉秀哉前校長は、次のように話す。

「教科センター方式を活用して、さまざまな問題を主体的・探究的・協働的に解決する力や、自治の精神、互いを思いやるケアの精神など、変化の激しい時代を生きていく上で必要な『生きる力』を育てたいと考えました。これからは生徒が主体的に生活・学習ができる学校づくりを進めるという方針を教職員と共有しました」

これまでの教室、学年、規則などの枠ありきの教育から、柔軟な校舎・教育システムを活かし、主体性やつながりによって成り立つ学校のあり方に舵を切った。また、稲葉前校長から学校運営を引き継いだ宮澤一則校長も、生徒の主体性を大切にする指導を心掛けている。

「失敗を恐れずに挑戦し、決めたことをやり遂げようとする生徒を育てたいと考えています。そのために、生徒には大きな夢をもち、自分の可能性を信じて突き進む熱い思いをもってほしい。そんな教育ができる学校でありたいと思っています」

中台中の北村康子校長は、オープンな環境で生徒がのびのびと学ぶ学校づくりを目指している。

「生徒が学ぶ楽しさ、探究する喜びを実感できる環境をつくりたいという思いを強くもっています。それを実現するために、教科ごとの研究の機会を多く設けて専門性の高い授業づくりをしたり、外部の専門家や組織の力も借りたりして、生徒に多くの学び・経験や体験の機会をつくるよう意識しています」

赤二中と中台中は教科センター方式を活用したアクティブラーニングの研究に取り組み、2014（平成26）年度からは「生徒の主体的な学びを重視した授業の工夫・改善」を研究主題とし、その成果を区内に発信している。

板一小の湯澤斉之校長もアクティブラーニングを通して、これからの社会で求められる力の育成を目指すというビジョンを掲げている。

「現代は、明確な答えがない課題を自ら見つけて解決し、表現する力が求められる時代です。そうした力を育むアクティブラーニングを充実させる場として、オープンスペースの有効活用を進めることを目標としました」

その方針のもと、2011－13（平成23－25）年度の研究成果は「イッチー学習」として結実した〔p.173参照〕。現在は、イッチー学習の成果を踏まえ、オープンスペースやICT機器などの学習環境を活用し、「個の学び」や「協働学習」を通した

問題解決型・探究型学習に取り組んでいる。

教職員への指導
教職員が学び合う環境を整える

教育改革を推進するために、各校長はどのような指導や研修を通して、教職員の成長を促しているのか。

稲葉前校長

湯澤校長

赤二中では、教職員の教科や経験年数の枠を取り払い、4名ほどのグループを構成して研修を行っている。各グループのメンバーは週1回、空き時間を揃えており、毎回異なる教科の授業を参観して協議を行う。宮澤校長は次のようにねらいを語る。

「協議の観点は指導技術ではなく、『このタイミングで関心が高まる姿が見られた』『こんなつぶやきが聞こえた』など、子どもの姿を中心に授業を振り返ります。事務職員は教員とは少し異なる、保護者のような視点から感想や意見を出します。そのため、専門教科や職種などにかかわらず、多角的で有意義な声が集まり、それが教員にフィードバックされて授業改善に活かされています」

新規採用や転任などで教員が入れ替わるため、教科センター方式やアクティブラーニングの指導経験が乏しい教員もいるが、グループ研修を通してさまざまな授業を参観し協議をする経験を積み重ね、自分なりの指導のあり方を固めていく姿が見られている。

中台中では、教科部会を基盤として研究を重ね、その成果を毎年の研究実践報告会で発信することで、教職員の主体性を引き出し、成長につなげている。

「同じ教科の教員は常に教科ステーションで顔を合わせますから、『この教材の反応はこうだった』『こんな掲示物を作ったらどうか』など、日常的に授業や教材に関する会話が交わされ、研究が深まります。教科内の協働がスムーズになることは、教科センター方式の大きな利点です」（北村校長）

研究実践報告会では、教科センター方式の導入と活用による効果や成果を発信しており、毎年、全国から200－300名の見学者が訪れる。2016（平成28）年度は、第67回放送教育研究会全国大会の発表校として、「NHK for School」を取り入れ、ICT機器を有効活用した授業を提案した。

「自分が提案した授業が多くの人から認められることほど、教員として自信につながることはありません。それが研究実践報告会に力を注ぐ目的の一つです。教職員が切磋琢磨する中で、『来年は自分が発表したい』といった積極的な発言が聞かれるなど、校内に前向きなムードが生まれています」（北村校長）

板一小は、研究推進委員会の下部組織として2学年ごとの分科会を組織し、イッチー学習の研究を進める中で、各教員がオープンスペースを活用した問題解決型・探究型の授業づくりへの理解を深め、実践を重ねてきた。現在は、イッチー学習の研究で培った授業づくりの知見を日常の授業に転移・応用する手法を研究している。

 宮澤校長

 北村校長

鍵は、生徒を締め付けることではなく、自主性を認めて伸ばしていくことにあると考えています」と、同様の趣旨の発言をしている。中台中では、仮設校舎の頃に数学や英語を少人数クラスで展開するなど、意図的に教科ごとに教室を移動する練習をして備えたことも、生徒がスムーズに移行できた要因と考えている。

生徒指導
生徒を信じて主体性を引き出す

赤二中、中台中のいずれも、改築前は「生徒が落ち着かなくなるのではないか」と、教科センター方式への懸念が少なからず聞かれた。しかし、新校舎に移った後、生徒は落ち着きのある動きを見せた。休み時間は全学年の生徒が移動するが、当初から大きな混乱はなく、むしろ以前より整然とした姿が見られるようになったのである。

赤二中では、規律を遵守させる指導から、生徒の自主性を育てる指導への転換が成功の大きな要因と捉えている。稲葉前校長は、仮設校舎の頃、生徒に対して「自治」の意識をもつ大切さを繰り返し呼びかけたという。

「自分たちが課題を見つけて解決する気持ちで新しい学校をつくってほしいと語りかけるうちに、3年生たちが『卒業するので新校舎は使えないが、後輩が自分たちの背中を見て、自治の校風が根付いてくれたら嬉しい』と発言してくれたことに感動しました。その言葉通り、生徒が自主的に考え動くようになったことが、教科センター方式の運用を支えています。思いやりのある関わり合いと自治が大切という理念を生徒が理解し、生徒自らが規律を形成していったのです」

中台中の北村校長も、「教科センター方式の

環境・設備の活用
受け身にならず、教職員が自ら環境をつくり出す

3校ともに教科センター方式やオープンスペース、さらにICT機器を活用した授業づくりを進める他にも、さまざまな形で新たな環境を機能させて教育効果を高めることに努めている。

中台中の北村校長は94回の改築工事定例会議に参加し、その内容を教職員に伝えて教科センター方式への理解を促した。さらに各教科の教員に教科ゾーンの設計図を確認してもらって要望を募ったほか、家具計画の作成も求めた。その結果、理科実験室ではすべての生徒を見渡しやすいように教卓や実験台の位置を変更したり、国語メディアスペースでは百人一首などのための畳スペースを設置したりと、教育効果をより高める観点から設計変更が行われた。

「教職員に前向きに関わってもらうことで、新しい環境を与えられるのではなく、自分たちでつくり出すという意識が芽生えました」(北村校長)

新しい環境を活用して学習効果を高める工夫として、メディアスペースづくりがある。赤二中の宮澤校長は教員に「教科のテーマパークをつくろう」と呼び掛け、「学びの広場」の資料や掲示物に生徒の意見も取り入れて工夫し、好奇心を刺激して学習への興味・関心を高めるスペースをつ

くっている。同様に中台中も教科ゾーンの充実を図るほか、板一小も学年ごとのオープンスペースに学習に関連する資料を展示したり、児童の作品を掲示したりして、有効活用する方法を模索している。

外部機関や保護者・地域との関わり
学校づくりのベースにある保護者・地域への思い

3校の教育改革は、企業や大学をはじめとした外部機関との連携にも支えられている。

　福井大学教職大学院との連携は前項〔p.164参照〕で述べた通り。そのほかにも、それぞれに教育系研究者を招き、授業計画の作成へのアドバイスや研究授業時のレビューが行われている。赤二中と中台中には、福井大学教職大学院の教員方が、月1回のペースで訪れ、教科センター方式の授業の研究会が開かれている。また、中台中は東京女子大学の田中洋一教授、板一小は上智大学の澤田稔教授の協力のもと、それぞれのカリキュラム開発や授業革新を進めている。澤田教授は、板一小と大谷口小で取り組んだ自由進度学習の研究から携わり、研究終了後もオープンスペースを活用した授業研究にともに取り組んでいる。

　中台中は教育財団との連携にも積極的だ。2015・16（平成27・28）年度は企業の教育財団の特別研究指定校の助成を受け、タブレット型PCを購入するなどして学習環境のさらなる充実を図り、教育改革を加速させている。

　3校の校長は、保護者・地域との連携も大切だと口を揃える。中台中は、年間11回、保護者や地域住民に向けて公開授業を実施。その際には、保護者に受付をお願いするなどして、相互に関わる関係づくりに努めている。2016（平成28）年度、赤二中はPTAの活動で、近隣の小学校のPTAも招き、体育の授業で生徒と一緒にダンスをするという試みを初めて行った。これが大好評で、「ほかの授業も受けてみたい」という声も寄せられている。小学生の保護者は、子どもが進学する中学校の明るい雰囲気を感じ取り、きっと安心したはずだ。また板一小でも、「地域に根ざす学校」を目指すべき方向の一つと定めており、湯澤校長は「もっと地域に対してオープンにすることで学校は大きく変わっていく」と述べる。

　3校の校長は、それぞれの個性や経験を活かしてリーダーシップを発揮しているが、その根底には板橋区の教育が掲げる大きなビジョン、さらには保護者や地域に対する強い思いがあることが感じ取れる。これからも学校、保護者、地域、そして行政との結び付きをベースとして教育改革は進んでいく。

新しい教育の実践

現場の教員は新校舎完成をどう受けとめ、
準備を進めていったのか

オープンスペース型の小学校は、1970年代から国内で建設が始まり、現在は全国的に数が増えてきているが、その活用方法についてまとまったものはまだあまりない。教科センター方式の中学校においては取り組みが少なく、情報はさらに限られる。そのためそれがどのような空間で、どう授業を行えばいいのかについて、現状ではほとんどの教員は知識をもっていない。3校の教員も最初はそうだった。

先述のように、板橋区では児童・生徒の主体的な学びを重視した授業改善を目指している。これを実現するためには、協働学習やアクティブラーニング、課題解決型・探究型学習など、子どもの主体性を引き出していく授業がカギになる。「ではそういった授業を、教科教室やメディアスペース、オープンスペースを活用しながら具体的にどのように行えばいいのか」が、3校の教員共通の課題となった。また新校舎では3校ともICT機器の活用環境が整備されることになっていたため、いかにICTを効果的に授業に用いていくかもテーマとなった。

3校が新しい校舎で新しい教育を実践していくための準備を開始したのは、新校舎完成の2年前のことである。すなわち板一小と赤二中が2011（平成23）年度、中台中が2014（平成26）年度からである。

まず、赤二中からは2名、中台中からは1名の教員が毎週末、福井大学教職員大学院に派遣され（中台中は入れ替わりで後からもう1名派遣されている）、教科センター方式の特性を活用した授業づくりのあり方についての知見を深めていった。そしてその成果を勤務校に持ち帰り、ほかの教員と共有化していった。一方、板一小では、「イッチー学習」と呼ばれる課題解決型学習を実践する中で、オープンスペースの効果的な活用方法を探っていった。

また赤二中と中台中の教員は、教科センター方式の採用によって、生徒のクラスへの帰属感が失われ、生徒間の関係性や心の発達に悪影響が生じることを危惧していた。そこで赤二中では、生徒がお互いの存在を尊重し合う社会性を育んでいく教育に注力した。中台中では、生徒がお互いの意見や思いを伝え合うグループ学習を積極的に行った。また教科教室とホームルームを兼用するタイプのため、ホームベースに貼る掲示物等を工夫することで、文字通り生徒がそこを「ホーム」と感じられるような居心地のよい空間にしていくことを目指した。

一方、板一小の教員は、現在は「イッチー学習」の研究活動には一区切りをつけ、協働学習やICT機器を用いた授業など、イッチー学習とは違う形でのオープンスペースの活用方法を探究している。

ここでは、3校の教員が新校舎の完成をどのように受けとめ、学校づくりや授業づくりをどう進めていったか、教員の「生の声」を元にレポートする。

板橋第一小学校

オープンスペースの活用方法はさまざま。
可能性はまだ広がる

イッチー学習で
オープンスペースの活用法を探る

オープンスペース型の校舎では、教室と廊下の壁が取り払われ、各学年の教室の前には、児童がさまざまな活動を行うための空間（オープンスペース）が設けられている。板一小では、新校舎が完成する2年前の2011（平成23）年度から、「イッチー学習」を通じて、このオープンスペースを効果的に活用するための研究に取り組み始めた。

イッチー学習とは、児童が自ら学習課題を選んで個別学習を自分のペースで進めていく「1教科もしくは2教科同時進行の単元内自由進度学習」のこと。たとえば5年生の社会で「国土の気候の特色と人々のくらし」について学ぶ単元では、児童が「記者コース」「ダンサーコース」「シェフコース」「建築家コース」の中から自分の興味のあるコースを選び取り、コースごとに用意された「北海道の郷土料理を調べてみよう」「沖縄のくらしを調べてみよう」といった学習カードに沿って、シェフコースでは北海道と沖縄の食文化、建築家コースでは北海道と沖縄の建物の特徴を調べていくといったことを行った。気候の違いが、地域の文化や人々の暮らしにどのような影響をもたらすのかを学ぶのがねらいである。オープンスペースには、各地域の気候や文化、暮らしに関するさまざまな図書資料や画像資料、検索用のパソコンなどを配置。児童は教室とオープンスペースを行き来し

海野主幹教諭（左）、山田主幹教諭（右）

ながら、夢中になって活動に取り組んだ。これを算数との2教科同時に行うことで、普段勉強が苦手な子でも先に進んだ単元では友達に教えることができるなど、通常の一斉授業では得られない効果が得られた。

このようにイッチー学習は、教室とオープンスペースの空間を合わせて広く使うことによって可能になる学習活動といえる。ちなみに仮設校舎のときには、廊下をオープンスペースに見立ててイッチー学習が行われた〔図1-4〕。

海野主幹教諭は、「イッチー学習を通じて、学ぶ環境さえ整えてあげれば、子どもはこちらが指示しなくても自発的に学び始めることを実感しました」と話す。

海野主幹教諭は、ある年の2年生の算数のかけ算の授業で、大きな観覧車の絵を用意し、その観覧車に乗っている人の数を、人型のマグネットを動かしながら自由に変えられる教材を製作し、オー

新しい教育の実践　173

［図1］4年生・社会「自然を生かした人々のくらし——八丈島・檜原村」。学年学習室に八丈島の模型・資料を置いて学習空間をつくった。

［図2］同単元で、別の教室には檜原村の模型・資料を配置した。

［図3］4年生・社会「江戸の文化を今に伝える浅草のまち」。図1-2と同じ時間に行われた別単元。オープンスペースに浅草をモチーフにした学習教材が準備された。

［図4］オープンスペースに据えられた家具を活かした教材を製作。

プンスペースに配置した。すると児童は自分で人型のマグネットを動かしながら、「今1つのカゴに3人が乗っていて、そのカゴが全部で6つあるから3×6で18人」といったように、かけ算の勉強を始めたのだ。

「こんなふうに子どもが見たり触ったり動かしたりしながら、自発的に学び始める教材を配置しておくのも、オープンスペースの活用方法の一つだと思います。子どもは遊び感覚で教材に触れながら、理解を深めていきます。

イッチー学習では、子どもたちは教室とオープンスペースをダイナミックに動き回りますから、教員は子どもの動きのすべてを把握することはできません。最初はそれが不安でした。けれども学習環境さえ整えておけば、教員の目が行き届いていないところでも、子どもはちゃんと学習に取り組むものだということがわかりました」

子どもが自分で
使い方を見つけ出していく

板一小では、学校全体として1学期につき1教科1単元のペースでイッチー学習を実施してきた。そしてイッチー学習で得たオープンスペースの活用方法の知見を、通常の授業の中に取り込んでいくことを目指してきた。ただし現在はイッチー学習の活動には一区切りをつけている。協働学習など、イッチー学習とはまた違う形でのオープンスペースの活用方法を探っていくためだ。

板一小は2014（平成26）年度から2018（平

成30)年度にかけて、板橋区教育委員会よりICT授業研究の実証実験校に指定されている。タブレット型パソコン（以下、タブレット型PC）が44台導入されており、オープンスペースには無線LANが整備されている。そこで山田主幹教諭は2年前に5年生の担任をしていたとき、児童がタブレット型PCを手に、教室とオープンスペースを使いながら学級新聞を作るという取り組みを行った。

教室の中だけで模造紙で学級新聞をつくる場合、児童は1カ所に集まって、手で書き込んでいくことになる。手と手がぶつかったり、ペンの色が足りなくなったりといったことがしばしば起きる。けれどもタブレット型PCに情報共有ソフトを入れておけば、ある児童は教室で、またある児童はオープンスペースに居場所を見つけて、自分の担当スペースの記事をタブレット型PC上に書き込んでいく。すると全体で1枚の学級新聞ができあがる。タブレット型PCというツールとオープンスペースという空間を活用することで、一人ひとりが落ち着いた環境を確保しながら、学級新聞づくりという共同作業に取り組むことができるわけだ。

「オープンスペースは、話し合い活動をするときにも有効です。教室の中だけで班分けをして話し合いをさせていると、隣の班の会話が気になって集中できない子どもがいます。けれどもオープンスペースまで使えば、隣りとの距離が離れていますから、自分の班の会話に集中できます」

山田主幹教諭が面白いと感じたのは、子どもたちにグループ活動をさせると、彼らは勝手にオープンスペースでお気に入りの場所を見つけて活動を始めたことだった。

「オープンスペースには、最初は話し合い用のテーブルをきれいに並べて置いていたのですが、子どもたちはそれを思いもよらない形に並べ直したり、移動させたりして使い出しました。こちらが意図しない使い方を子どもたちの方で創作するのです。教員の側から『オープンスペースはこう使いなさい』と決めつけるのではなく、子どもたちの発想に任せてみることも大事だと思います」

板一小の教員は、オープンスペースの活用のバリエーションはまだほかにもたくさんあるはずだと考えている。

「オープンスペース型の校舎では、廊下に出ると両隣りの教室の雰囲気や、何が行われているかがすぐにわかります。クラス担任が自分の取り組みをクローズにできないのは、やりにくい面もありますが、いいことでもあります。ほかの教員方の実践を見ながら『そんなふうにやればいいのか』という新たな発見があったときには、どんどん取り入れていきたいですね」（海野主幹教諭）

板一小の取り組みは、今も進化を続けている。

赤塚第二中学校

教職員同士、生徒同士の結び付きの強さが
赤二中の教科センター方式を支える

まず教職員間で
共同的なコミュニティを育む

「改築後は、教科センター方式の校舎になる」

赤二中の教職員は最初にそう聞かされたとき、戸惑いの方が大きかったという。同校では生活指導が困難な時期があった。それを教職員が学年単位で生徒の様子をしっかりと把握し、生活指導に力を注ぐことで立て直していった。落ち着いて授業に向き合える態勢がようやく整ったところだった。

「それなのに『なぜ今のやり方を変えなくてはいけないのか』と思いました。教科センター方式になると、休み時間ごとに生徒が教室を移動します。ほかの学年の生徒と接触する機会も増えます。クラスとしてのまとまりがなくなることや、教職員の目が一人ひとりの生徒に行き届かなくなることが不安でした」と名地主幹教諭は振り返る。

とはいえ新校舎の建設は決まっており、教職員は対応を迫られていた。赤二中では2011（平成23）年度と2012（平成24）年度の2年間、毎月1回週末に岡部指導教諭と名地主幹教諭が福井大学教職大学院に派遣され、教科センター方式の特性を活かした教育のあり方を学ぶことになった。

2人が同大学院へ行って驚いたのは、講義形式の授業がほとんどなく、同じ受講生である他校の教員との話し合いに多くの時間が割かれたことだった。毎回同様の課題意識――たとえば教科センター方式を活用した授業革新のあり方――をもつ

中野主任教諭（左）、名地主幹教諭（中央）、岡部指導教諭（右）

教員同士が集められ、教科や学年は関係なく少人数のグループが組まれた。そこで、それぞれの学校の状況や実践を語り合い、メンバー全員でよりよい答えを探究していくという活動が繰り返された。

岡部指導教諭と名地主幹教諭は大学院で話し合ったテーマを学校に持ち帰り、月1回の校内研修会でほかの教職員との共有化を図っていった。このときも異なる担当教科、学年、経歴の教員に加え、事務や主事を含めて4人程度の少人数グループをつくり、語り合うという形式を採用した。

「大学院で最初に教えられたのは、教職員同士の学びでは、自分の実践や課題を語り、また同僚の実践に真摯に耳を傾ける『語りと傾聴』が大切であり、その過程で気づきが生まれ、次の実践が見えてくるということでした。校内研修会を話し合

[右表凡例]
□ 赤塚第二中学校
■ 東京都
■ 全国

1 あてはまる
2 どちらかといえば、あてはまる
3 どちらかといえば、あてはまらない
4 あてはまらない

[表1] 2016（平成28）年度 全国学力・学習状況調査 生徒質問紙結果（3年生）　　　　［単位：％］

質問事項	選択肢1	2	3	4	質問事項	選択肢1	2	3	4
家で、学校の授業の予習をしていますか	22.0	33.3	30.1	14.0	「総合的な学習の時間」の勉強は好きですか	37.6	39.2	14.0	8.6
	13.1	22.4	34.6	29.7		22.5	40.8	22.9	11.8
	11.9	22.3	37.1	28.5		26.0	42.3	21.8	9.7
学校に行くのは楽しいと思いますか	61.3	22.0	8.1	8.6	「総合的な学習の時間」の授業で学習したことは、普段の生活や社会に出たときに役に立つと思いますか	30.1	51.1	12.4	5.9
	48.3	32.4	12.1	7.1		20.5	45.1	22.9	9.5
	48.4	33.0	12.0	6.6		25.8	47.0	20.0	6.9
学校で、友達に会うのは楽しいと思いますか	83.3	14.0	2.2	0.5	「総合的な学習の時間」では、自分で課題を立てて情報を集め整理して、調べたことを発表するなどの学習活動に取り組んでいますか	34.9	41.4	17.7	5.4
	74.7	19.6	3.9	1.8		19.5	40.0	27.1	11.3
	75.8	18.9	3.7	1.6		18.1	39.6	30.3	11.8
学校で、好きな授業がありますか	63.4	14.5	12.4	9.7	1、2年生のときに受けた授業では、先生から示される課題や、学級やグループの中で自分たちで立てた課題に対して、自ら考え、自分から取り組んでいたと思いますか	41.4	44.1	12.4	1.6
	55.9	24.6	11.1	7.9		26.9	46.2	21.0	5.8
	54.7	25.2	11.9	7.6		27.4	46.4	20.7	5.3
あなたの学級では、学級会などの時間に友達同士で話し合って学級のきまりなどを決めていると思いますか	53.2	31.7	9.7	5.4	1、2年生のときに受けた授業では、自分の考えを発表する機会が与えられていたと思いますか	52.7	37.6	6.5	2.7
	37.4	28.9	16.0	7.3		40.8	42.5	12.9	3.6
	38.9	39.5	15.3	6.0		43.5	40.6	12.3	3.5
学級会などの話合いの活動で、自分とは異なる意見や少数意見のよさを活かしたり、折り合いをつけたりして話し合い、意見をまとめていますか	26.9	47.3	19.9	5.9	1、2年生のときに受けた授業では、生徒の間で話し合う活動をよく行っていたと思いますか	62.9	30.1	4.3	2.2
	18.1	40.1	28.9	12.7		32.3	43.8	19.4	4.4
	17.8	40.6	29.6	12.0		34.9	42.9	18.0	4.0
学級みんなで協力して何かをやり遂げ、うれしかったことがありますか	74.2	17.2	5.4	3.2	1、2年生のときに受けた授業では、学級やグループの中で自分たちで課題を立てて、その解決に向けて情報を集め、話し合いながら整理して、発表するなどの学習活動に取り組んでいたと思いますか	43.5	44.1	7.5	4.3
	60.8	24.3	9.3	5.5		22.0	47.7	23.8	6.4
	57.9	26.3	10.4	5.3		22.3	47.0	24.3	6.3
先生は、あなたのよいところを認めてくれていると思いますか	41.4	37.1	12.9	8.1	1、2年生のときに受けた授業で、生徒の間で話し合う活動では、話し合う内容を理解して、相手の考えを最後まで聞き、自分の考えをしっかり伝えていたと思いますか	37.6	44.6	13.4	3.8
	30.3	45.6	16.8	6.9		25.2	47.4	21.7	5.4
	32.2	45.8	16.1	5.7		25.4	47.0	22.3	5.2
学校の規則を守っていますか	75.8	18.8	3.8	1.1	1、2年生のときに受けた授業で、自分の考えを発表する機会では、自分の考えがうまく伝わるよう、資料や文章、話の組み立てなどを工夫して発表していたと思いますか	26.3	44.1	23.1	5.4
	61.6	32.9	4.3	1.1		18.7	42.5	29.6	8.9
	61.6	33.1	4.2	1.0		17.0	40.7	32.2	10.0
友達との約束を守っていますか	78.5	17.7	2.7	0.5	1、2年生のときに受けた道徳の時間では、自分の考えを深めたり、学級やグループで話し合ったりする活動に取り組んでいたと思いますか	56.5	28.5	11.8	2.7
	65.9	30.7	2.6	0.7		29.8	41.9	18.9	7.0
	68.5	28.7	2.2	0.6		31.9	42.2	18.9	6.6
人が困っているときは、進んで助けていますか	40.9	46.2	10.2	2.2	生徒の間で話し合う活動を通じて、自分の考えを深めたり、広げたりすることができていると思いますか	31.7	46.8	15.6	5.4
	34.4	48.7	13.9	2.9		19.8	44.5	26.7	8.6
	34.1	49.7	13.6	2.4		20.2	44.6	26.7	8.2

※赤二中の特徴的なものを抜粋

いの場にして良かったのは、率直に語り合える関係が教職員間でできあがったことです。最近教育現場では協働学習が注目されていますが、生徒に向けて協働学習を行う前に、まず教職員間で共同的なコミュニティが育まれていきました」（岡部指導教諭）

赤二中では、教職員同士で互いの授業を見合う実践も積極的に行われるようになった。一般に中学校は教科が異なれば教員間の意見交換がしづらくなるといわれるが、同校では「個々の教員の授業スキル」ではなく、「授業を受ける生徒の学びの姿」に授業観察の視点を転換することで、意見交換のハードルを下げることにした。「こんな取り組みをすれば、生徒の成長につながるのではないか」といったアイデアが教職員の間で飛び交う中で、新しい授業デザインのイメージが紡がれていった。こうして、当初は大きかった教科センター方式に対する不安感も、徐々に期待感へと変わっていった。

そして2013（平成25）年4月、新校舎での授業が始まる。この年、他校から赤二中に赴任した中野主任教諭は、教員の様子を見たときに「いい学校に来ることができたな」と感じたという。

「先生方の関係がよく、教科や学年を超えた指導体制ができているという印象を抱きました。本校が教科センター方式での授業を比較的スムーズにスタートさせられたのは、教職員の関係性づくりも含めて、2年間準備にしっかりと力を注いだことが大きかったと思います」

自主性と社会性が両輪となる

教科センター方式が始まって以来、赤二中では生徒指導のスタイルを、「教員が生徒を管理するのではなく、生徒の自主性を育むこと」へと大きく転換した。生徒が多くの時間をホームルームを離れて活動する教科センター方式では、教員が生徒の一挙手一投足に目を行き届かせ、管理をするのは困難である。そこで生徒自身に、自分で考え行動できる力を身に付けさせることにしたのだ。

「教科センター方式の場合、生徒は時間割に沿って自分で教材の準備をし、授業に間に合うように教科教室に移動しなくてはいけません。ですから本校では、生徒の自己管理能力や自主性が自然と身に付きやすいと思います。もちろん場面によってはこちらから細かく指導するときもありますが、基本的には今自分はどうするべきかを生徒自身に考えさせるようにしています」（岡部指導教諭）

さらに、名地主幹教諭は「自主性だけではなく、同時に社会性も養っていくことが大事」だと語る。社会性とは、生徒が互いの存在を独立した人格や考えをもつ個として認め合い、尊重できる関係を構築できる力のことをいう。

「じつは教科センター方式の初年度に、3年生の中に3学期になってから急に荒れてしまった生徒が何人かいました。卒業してからその生徒に話を聞いたところ『この新しい校舎がすごくイヤだった。寂しかったから』と洩らしたのです。ショックでした。古い校舎では同じ教室にいつもクラスメートや担任の教員がいました。いわば同質性の高い空間の中で、自分の居場所が保証されていた。ところが教科センター方式では、授業のときには仲間と会いますが、それ以外の時間はバラバラ。それがたまらなく寂しかったようなのです」

だからこそ名地主幹教諭は、生徒の社会性を育んでいく必要があると考えた。教科センター方式となり、たとえ個人で判断し、行動する場面が多くなったとしても、自分は周りから尊重され、認められていると実感できていれば、寂しい思いはしなくて済むはずだ。相手の言葉に耳を傾けられると同時に、自分の意見も述べることができる。また勉強や学校生活で困ったときには「教えて」「助けて」と素直に口にできる。そうした社会性や自律性を中学生の段階で身に付けておくこと

表2　2014-16（平成26-28）年度学力学習状況調査教科正答率結果

教科	2014（平成26）年度	2015（平成27）年度	2016（平成28）年度
国語A	0.9	-0.4	4.4
	1.3	1.4	1.4
国語B	1.8	1.4	7.5
	2.2	1.2	2.1
数学A	-0.2	0.4	10.1
	1.4	1.9	1.3
数学B	2.4	0.9	8.3
	2.0	2.4	1.5
理科	-	-2.7	-
		-0.5	

※全国平均を0としたときの平均正答率

〔凡例〕
□ 赤塚第二中学校
■ 東京都

は、生徒たちがやがて大人になったときにも大きな力となる。

授業の中で生徒たちが成長していく

赤二中の教職員は、その社会性を授業の中で生徒たちに身に付けさせようとしている。たとえば岡部指導教諭や中野主任教諭の担当科目は社会だが、反転授業やICT機器の活用などによって、授業中の知識の習得にかける時間を最小限にとどめている。そして正解が一つではない類いの問いを生徒に投げ掛け、グループでの話し合いの中で最適解を見つけ出させていく活動に力を入れている。そこでは習熟度の低い生徒が発した素朴な疑問が、ほかの生徒の思考力や発想力を刺激し、より深い答えが導き出される場面がしばしば見られるという。協働的な学びの中で、お互いの意見や発想を尊重し合う社会性と、学力の2つが同時に育まれていくのだ。

こうした取り組みの成果は、数値にも表れている。3年生を対象とした2016（平成28）年度全国学力・学習状況調査の「生徒への質問紙調査」では、学校生活や生徒同士の関係性、協働的な学習の取り組みに関する問いに、肯定的に答えた生徒の割合が、軒並み全国平均を上回る結果が出ている〔表1〕。また学力面でも「国語A」「国語B」「数学A」「数学B」ともに2016年は東京都平均を大幅に上回っている〔表2〕。もちろん本当の意味で教育の成否がわかるまでには時間を要するが、こうした数値から成果の一端を感じ取れる。

中野主任教諭は「この取り組みをいかに継承していくかが今後の課題になる」と話す。

「最近では、校内で異なる学年の生徒同士が語らっている場面を多く見かけるようになりました。1年生を対象に行った学校生活に関するアンケート調査でも、『困っているときに、先輩が優しい言葉をかけてくれてうれしかった』と書いた生徒がいました。そういう面でも、生徒に社会性が身に付いてきたと感じます。

ただしこうした社会性は自然に育まれたものではありません。教科センター方式の中で、生徒を伸ばしていくためには何が必要かを教職員みんなで考えながら取り組んできた結果です。そのベースには、教職員自身がお互いの思いを率直に語り合える関係性を構築できていることがあります。ですからたとえ今後異動によって教職員の入れ替わりがあったとしても、今ある関係性をしっかりと承継し、生徒の成長を一番に考えられる教職員集団であり続けることが大切だと考えています」

教職員同士、生徒同士、そして教職員と生徒の結び付きの強さが、赤二中の教科センター方式を支えている。

中台中学校

兼用タイプの教科センター方式だからこそ生徒の自立心が促される

研究授業や校内研修会でノウハウの共有を図る

2016（平成28）年度からの新校舎での授業開始に向けて、中台中が準備を始めたのはその2年前のことだった。この準備期間中、同校の教員が最も注力したのは、教科センター方式の校舎の中で、ICT機器を活用しながら質の高い授業を実践していくための手法を探ることだった［図1］。星野主任教諭は語る。

「これからの教育は、生徒の思考力・判断力・表現力を育んでいくことが大切だといわれています。そのためには従来型の一斉授業だけではなく、言語活動や協働学習などを授業の中に取り入れていく必要があります。そこでそうした活動をより深いものにしていくために、ICT機器をどう活用していけばいいかを研究することにしました。また教科センター方式では、教科教室と隣接してメディアスペースがあります。この空間をいかに有機的に活用するかも大きなテーマでした」

新校舎では、LAN環境が整えられ、電子黒板や実物投影機などの機器も整備されることが予定されていた。理科が担当科目の星野主任教諭は、ICT機器の取り扱いは以前から比較的得意だったという。理科では映像等を用いながら、生徒に自然や物理の法則を視覚的にイメージさせることが大切となる。だからICT機器を存分に活用できる環境が与えられることはとても楽しみだった。

星野主任教諭（左）、木下指導教諭（中央）、渡邊主任教諭（右）

一方国語科の木下指導教諭や渡邊主任教諭は、協働学習やアクティブラーニングについてはこれまでもさまざまな実践に取り組んできた。だがICT機器に関しては「授業で活用したことはほとんどなかった」と語る。

校内にはICT機器の扱いが得意な教員もいれば苦手意識を抱いている教員もいるし、協働学習等の実践経験が豊富な教員もいれば、そうでない教員もいる。そこで教員の指導レベルの向上やノウハウの共有を図る場として活用されたのが、校内研修会や外部の教育関係者を招いての研究授業等だった。2015（平成27）年度は、教科ごとに教員が集まって情報共有を行う教科部会が、時間割の中に毎週1時間組み込まれていた。

「研究授業のときには、授業を担当する教員に任せきりにせずに、教科の教員全員で指導案の作成に取り組みます。また校内研修会では、教員が互いの授業を見せ合います。そんな中から

同僚の教員のやり方をヒントに、『問題解決型の授業を展開するときには、こんなふうに授業設計をすればいいのだな』『ICT機器はこういう場面で使うと効果的だな』と気づきが生まれ、ノウハウの共有が自然と図られていきました。

今では特別な場面を設定しなくても、互いの授業を見合える雰囲気ができあがっています。国語科の教員が理科教室をふらりと訪ねて授業を見ていたとしても、何の違和感もなくなりました」（木下指導教諭）

授業の組み立ての
バリエーションが増えた

そして中台中では2016（平成28）年4月に新校舎が完成し、教科センター方式での授業が始まった〔図2・3〕。以前はICT機器に抵抗感があったという渡邊主任教諭も、「今ではずいぶん使いこなせるようになりました」と話す。

「国語の授業では、デジタル教科書を使って、過去の単元で学んだ作品の文章を切り取って生徒に示し、今学んでいる作品と比較して、その共通点や相違点を生徒相互で話し合わせるといったことを行っています。ICT機器を活用することで、多様な教材を生徒に示しながら、多角的に考えさせることが容易になりました。授業の組み立て方のバリエーションが増えてきたと感じます」

新校舎に移ってから、ICT機器を活用する際の負担も一気に軽減された。仮設校舎のときには、その都度機器を教室に運んでセッティングをする必要があったが、今は教科教室に機器が置かれているため、すぐに授業に入ることができるようになったからだ。

一方メディアスペースについても、さまざまな活用が始まっている。

「メディアスペースには、生徒が授業中に調べて作成した成果物など、その教科に関する掲示物を貼っています。すると下級生が上級生の成果物を見ることで、自分が調べ学習や発表をするときのお手本にできます。普通の校舎だと下級生が上級生の教室を訪れることはありませんから、これは教科センター方式ならではのメリットです。

今後、国語科では、メディアスペースに『歳時記』などの図書資料やタブレット型パソコンなどを置いておき、たとえば教室で俳句づくりに取り組んでいる生徒が、疑問に感じたことをメディアスペースで調べたり、生徒相互で話し合いをしたりといったことができるような空間にしていきたいと考えています。メディアスペースの活用については、まだまだ工夫の余地があります」（渡邊主任教諭）

兼用タイプでも
クラスのコミュニティは失われない

中台中の教員は、教科センター方式の校舎に移ってから、生徒の姿勢にも変化が見えつつあると感じている。

「国語科では毎回授業の初めに漢字テストを行っていますが、旧校舎の頃は、生徒は授業時間が始まってもしばらくは落ち着きがありませんでした。ところが新校舎では、教室に入るとすぐにイスに座り、集中して問題に取り組むようになっています」（木下指導教諭）

教科センター方式では、生徒は次の授業に必要な荷物を手に持って教科教室に向かう〔図4〕。そしてメディアスペースに置かれた教科に関する教材や掲示物を目にしながら、教科教室へと入る。その移動の過程で、気持ちが自然とその教科を受けるモードへと切り替わり、スムーズに授業へと入れるのだ。星野主任教諭は、「授業中に集中力を切らす生徒の数も減ったと感じます」と語る。

また教科センター方式では、生徒の自己管理能力も鍛えられる。中台中の場合、教科教室がクラスのホームルームを兼ねているため、日直や

［図1］ICT機器を活用した仮設校舎での授業（社会）。

［図2］タブレット型PCを用いた授業（国語）。

［図3］フォーム確認などにもカメラ付きタブレット型PCが役立つ（体育）。

掃除の当番表といったクラス活動に関する掲示物が教科教室内には示されていない。掲示物があるのは、教科教室に併設されたホームベースの部屋の中に設けられた小さな掲示板のみだ。そのため教員から生徒への連絡事項は、主に口頭やプリントを使って行われる。生徒は教員の説明をしっかりと聞きながら、自分がやるべきことを自分で考えながら行動することが求められる。

さらに荷物も、教科教室の机の中に入れっぱなしにしておくわけにはいかない。荷物は自分のロッカーに入れておき、必要に応じてロッカーから取り出して教科教室に向かうというように、荷物を管理する力も必要となる。

「私は2016（平成28）年度は1年生を担任していましたが、1年生にしては自己管理能力が育っているなと感じる場面が多くありました。年度の後半には、入学当初と比べると時間も守れるようになったし、荷物の取り忘れも減りました。教科センター方式には、生徒の自立を促す力があると感じます」（木下指導教諭）

中台中ではホームルームが教科教室との兼用になるため、当初、同校の教員は、クラスとしての

コミュニティが形成できず、不安感を抱く生徒が増えることを危惧していた。しかしそれは杞憂だったという。

「たとえ授業中はほかの学年やクラスの生徒がその教室を使っていたとしても、給食や学級活動のときには『これはやっぱり自分たちの教室だ』という意識を生徒たちはもっているようです。逆に、中台中の敷地面積で無理に教科教室とは別にホームルームをつくり、通常の広さを確保できて良かったと思います」（星野主任教諭）

ただし星野主任教諭は、兼用タイプの教室でクラスとしてのコミュニティを成立させるためには、工夫が必要だという。赤二中とは違って、中台中の教科教室には教科に関する掲示物はほとんど貼られておらず、教材や教具もメディアスペースに置かれている。つまり教科性を感じさせるものは、極力取り除かれている。だから生徒たちも学級活動を行うときには、「これは本当は社会の教室なんだ」「英語の教室なんだ」といったことを意識することもなく、クラスとしての活動に打ち込めることができるのではないかと、星野主任教諭は分析する。また、授業をする際も、学習空間にはものがないことで集中できるのではないかという気づきもあった。情報が豊富で興味を広げるメディアスペースと、ものがなく学習に集中できる教室というコントラストをつけることで、状況に応じた使い分けができるようになったわけだ。

「クラスとしてのコミュニティが成立しているもう一つの理由として、本校では普段からさまざまな授業で、生徒がお互いの意見や思いを伝え合う協働学習を積極的に行っていることも大きいと思います。生徒たちはそこで密な関係性ができているので、専用のホームルームがなくてもまとまりを失うことはないのです」（木下指導教諭）

中台中の教員は、「兼用タイプの教科センター方式」という施設の特性を踏まえた学校づくり、クラスづくりのあり方を常に考えながら、生徒たちと向き合っている。

［図4］授業と授業の間にロッカーへ教科書を取りに戻る生徒たち。ホームベースや教科教室に居場所を見つけ、それぞれにすごしている。

第 5 章

板橋の学校づくり・現在と未来

2008（平成20）年の「いたばしの教育ビジョン」に端を発した、板橋区の新しい学校づくりの第1フェーズともいえる「三校同時改築プロジェクト」は、約8年の月日を経てひとまずの終着点にたどり着いた。一方、すでに次なる「二校同時改築プロジェクト」が始まっており、また3校を軸とした全区立学校におけるソフト面での改革は継続している。

［話し手］

長澤 悟（ながさわ・さとる）

教育環境研究所所長／東洋大学名誉教授／工学博士／
三校同時改築 学識アドバイザー

1948年神奈川県横須賀市生まれ。1978年東京大学大学院博士課程修了。東京大学助手、日本大学工学部教授を経て、東洋大学理工学部教授（2014年3月まで）。1988年より教育環境研究所所長を務める。国立教育政策研究所文教施設研究センター客員研究員、法政大学デザイン工学研究科非常勤講師。また、文部科学省「学校施設の在り方に関する調査研究協力者会議」副主査、同「小中一貫教育推進のための学校施設部会」部会長、同「東日本大震災の被害を踏まえた学校施設の整備に関する検討会」座長、教科センター方式ネットワーク研究会会長、木と建築で創造する共生社会実践研究会（A-WASS）会長。

坂本 健（さかもと・たけし）

板橋区長

1959年東京都板橋区生まれ。日本大学大学院生産工学研究科博士前期課程建築工学専攻修了、日本大学大学院理工学研究科博士後期課程建築学専攻満了退学。株式会社日本設計に13年勤務後、特別養護老人ホームケアタウン成増設立代表者・理事長、みその幼稚園設置者等歴任。2005年7月東京都議会議員初当選。2007年4月板橋区長初当選。

こうした取り組みがよりよい教育環境を創出していけるよう、三校同時改築、板橋教育改革の立役者のうち4名に、プロジェクトを振り返り、これからの板橋の教育について語っていただいた。

中川修一 （なかがわ・しゅういち）

板橋区教育長

1958年東京都生まれ。1981年青山学院大学文学部教育学科卒業、東京都採用。1981年より東京都公立小学校に教諭として勤務。ペルーの日本人学校でも勤務していた。2006年より台東区立千束小学校・幼稚園の校園長として幼小連携教育について研究。2009年4月から2012年3月板橋区教育委員会指導室長として、教育支援センター構想の礎を築くなど、板橋区の教育改革に手腕を発揮する。2012年4月から2014年3月東京都教育庁人事部主任管理主事、2014年4月から2015年6月台東区立根岸小学校統括校長として勤務。2015年7月板橋区教育長就任。

宮田多津夫 （みやた・たつお）

建築家／株式会社松田平田設計 専務執行役員／
三校同時改築 設計総括責任者

1958年東京都生まれ。1981年早稲田大学理工学部建築学科卒業後、株式会社松田平田設計入社。これまで教育、スポーツ、オフィスなど幅広い分野の設計を手掛ける。主な研究テーマとして知的生産性向上や、環境配慮設計などに取り組み、松田平田設計本社リノベーションで、日本建築家協会環境建築賞最優秀賞。主な受賞歴として、日本建築学会作品選奨、BCS賞、ベルカ賞など。日本建築学会関東支部常議員を歴任。現在、日本建築家協会関東甲信越支部役員、環境行動ラボ委員。

三校同時改築の意味

区長　学校づくりを進めるにあたり、まず区全体の公共施設をどう維持更新していくかという問題があります。多くの学校の改築や改修が必要とされる中で、どのような優先順位で工事を進めるかという判断も悩ましい点でした。また、学校は教育施設としての機能のみならず、地域コミュニティの拠点となっていることも、今後の学校づくりの課題であると考えます。こうした課題から、新たな学校づくりは、まちづくり・人づくりの基盤であると総合的に捉えて、大きな視点で、最優先に計画を進めることとしました。

宮田　「学校づくりはまちづくり」という考え方には同感です。学校を中心としたまちづくりを進めると、住みやすいまちになります。そういうまちには人が定着して自分の子どもを育て、さらに根付いていく。それがまちづくりの基本です。

長澤　板橋区の改築計画は三校同時に進めたことが何よりの特徴といえるでしょう。もちろん、ただ漫然と改築するだけでは何も変わりません。社会が大きく変化し、教育や学校に多様なあり方が求められる中、事業規模を大きくし、参加する関係者を多くすることで、区の教育改革の機会、さらに学校と地域との関係を見つめ直す機会として活かしたことが大きいと思います。

区長　従来の学校づくりは、学校教育法に基づき、営繕課がシステマティックに進めていましたが、いったん立ち止まり、学校づくりの目的を本質から考え直しました。とはいえ、私自身は教育の専門家ではありません。そこで当時の教育長や教育委員会の指導室長などと議論し、教育施設に造詣が深い学識経験者の助言を得て、さらに建物のディテールは設計事務所の協力を受けて計画をつくり上げていきました。餅は餅屋といわれるように、さまざまな専門家との協働により学校づくりを進める必要があると考えたのです。三校同時の改築に踏み切ったのは、一校だけではどうしても改革の幅が狭まると考えたからです。同じ区内であっても、人口が増えている地域もあれば、高齢化が進む地域もありますし、場所によって地域性や環境も大きく異なります。こうした違いを踏まえて標準化できるところを探るために、財政的、人的に多少の無理があるのは承知で、3校同時に計画を進める方法を採りました。

長澤　そうしたやり方がこれからの学校づくりの仕組みやプロセス、進め方に大きな影響をもったと思います。

区長　今回の計画はまさに巡ってきたチャンスだったと思っています。当時、本区では教育支援センターが未設置であり、福祉の面では学童クラブが定員オーバーといった課題もありました。そのため、学校に付随する多様な機能も含め、このままでは区の教育の先行きは厳しいという危機感を抱いていたのです。今回の取り組みは、結果的に区の教育の将来を考える上で重要な出発点になったと思います。スタートにはどうしても助走が必要ですから、考えるべき領域は広く苦労も大きかったのですが、幸運にも人に恵まれて非常に前向きに取り組めました。財政的な事情により中台中の改築工事は少し遅れましたが、3校の取り組みが進むにつれて、当初想定した以上の成果が出ていると感じます。計画に関わったすべての皆様に深く感謝しております。

特殊から一般へ
3校での収穫を区全体で分け合う

教育長　これまで板橋区は、10年近くかけて三

校同時の改築を進めてきたわけですが、この先、他校から「あの学校はすごい施設があるから、特別な教育ができる」という見方をされないことが大切です。目指すべき授業や学びの形に対して、あくまでも3校はきっかけであって、同じようなことがどの学校であってもできるということを伝える必要があるのです。「教科センター方式」や「オープンスペースの活用」は目的でなく、方法の一つなわけですから。つまり、特殊なケースから要点を抽出し、一般化していかなくてはならない。その点で重要な布石となったのが、「いたばしの教育ビジョン」と「いたばし学び支援プラン」をまず策定したことです。新しい教育方法だけに目を奪われないように、そもそも何のために改築するのかを明らかにし、すべての教員と板橋区とが共有できる目的を策定しました。先頃、このビジョンと支援プランを更新したばかりですが、根幹は変えていません。10年経っても古くならない、先見性のあったビジョンでした。3校の校長や教員は、これらをもとに、「教育ビジョンのモデルになろう」という思いを共有し、学校をつくりあげていきました。3校を見ると、もちろん校舎も素晴らしいのですが、それ以上に教員たちがクリエイティブな発想をもって取り組んでいる。大変な仕事ですが、使命感があるから苦にならないのです。取り組みが進むに伴い、教員の意識は変わり、子ども観、授業観、学校観も変わっていきました。これからは、この先生たちが区内の別の学校に異動したり研究授業、教育支援センターなどを通して、学校を超えて知見を共有していくことで、ノウハウの一般化が進むことを期待しています。

長澤 行政の視点では、管内すべての学校を同時に変革するのは困難です。それゆえ、変革が求められるときにリーディングプロジェクトを用意するのはいい方法だと思います。板橋区のケースでは、1校だけではなく、3校同時、しかも中学

坂本区長

校と小学校のそれぞれが異なる取り組みをすることで、プロジェクトの効果はより広く普及し、その意図も伝わると考えています。とくに最初から決まった形にせず、3校の学校づくりから得られた知見をまとめて標準化していくことで、「3校だけの改革ではない」という方針を明確にして教育改革を進めている点は非常に戦略的であると感じます。

教育長 教育改革を他校に広げて一般化していくことが前提となりますが、一方では今後も3校を重点的にフォローアップする必要も感じています。そこは差別化があって然るべきかな、と。熱い思いをもつ校長を配置するなど、やはり板橋区の宝として育てていくことが、区全体の改革を推進させていくことにもつながると考えています。

ソフトの改革とハードの改革の一体化

長澤 3校同時の取り組みでは、そこに一貫するものが自ずと問われると思います。私は多くの学校づくりに関わってきましたが、一つの学校の中だけの閉じられた議論、あるいは個人の経験の範囲内だけの意見を受けて、そのまま流れていき

そうになることが少なくありません。その点、板橋区では、坂本区長が学校づくりをまちづくりの中心に位置づけたり、北川元教育長が教育改革を先導したりしたことが大きいと思います。また各校の校長や教員が他校も踏まえた広い視野をもって目指す教育について議論しました。具体的には、教育委員会に「学校施設あり方検討会」が設置されたほか、3校の調整会議では各校の校長や教員がいかに新しい教育を進めるかを率直かつ具体的に語り合いました。その過程で、自校を相対化して捉えながら改革を進める土壌が育まれ、学校づくりに対する積極的な姿勢が生まれたと感じます。こうした検討体制をいいタイミングでつくれたことは、板橋区の新しい学校づくりの大きな特長の一つでしょう。もちろん、それぞれの担当者は大変だったと思いますが、皆が率直に議論できたことは、やはり三校同時改築の賜物ではないでしょうか。

宮田 先ほど、中川教育長から、板橋区では先見性のある教育ビジョンを打ち出すところから始まったとありました。われわれ設計者は、その後からこのプロジェクトに加わることになるのですが、単に建物をつくるだけでなく、建築家として何かできることはないだろうかと考えました。そうして、学校の環境を変えることで、子どもや教員の意識を変えられないだろうか、という考えに行き着いたのです。子どもの学びに対する意欲を育める環境とはどういったものなのか。一斉学習だけでなく、子ども同士がともに学び合える環境というのを考えました。さらに子どもたち以上に難しいのが、教員の意識をどう変えていくかです。決してデザインだけの問題ではなく、設計プロセスを含めてそうしたことに取り組んできました。そして、「新しい教育」を象徴するような学校、「これからの板橋区の教育はこういうことに取り組むんだぞ」という方向性の見える学校をつくることで、区内外の教育関係者や地域の方々に理解してもらい協力を得て、ひるがえってそこに通う生徒や教員が刺激をもらうような学校になればと考えました。

長澤 学校づくりとは、教育と施設との関わり、そして学校と地域のつながりを総合的に捉え、考えることであるといえます。単にハードをつくるのではなく、ソフトと一体のものをつくることが大切です。当たり前に思えて、これまでそれがなかなか難しかった。今回、板橋区は教育ビジョンという目標をつくり、教科センター方式やオープンスペース型という教育の形を選び取り、学び支援プランや福井大学との連携、教育支援センターといったサポート体制をつくるなど、ソフトの整備を徹底しました。それが三校同時改築という宮田さんのような各校の設計者との協働を通して、ハードの整備と一体化して具体化されたことに大きな意義があります。

長澤氏

区長 少し話は逸れますが、今回の計画の上でよかったことの一つとして、3社の設計事務所によるジョイントベンチャーで進めたことも挙げられるでしょう。こうしてプロジェクトが一段落してみて、地域性や与条件が全く違う3つの学校を、3つの主体で取り組んだこともとても良かったことだと

思ったんですね。おそらく、1社だけで3校を設計したら、もっと画一的になり、今のような形にはならなかったのではないでしょうか。普段は異なる作風で、異なる建築を手掛ける3社が協働する上で、葛藤や設計思想の違いによるぶつかり合いがあったにもかかわらずさまざまな場面ですり合わせを行ったに違いありません。また「標準化したいが、逆に各地域の特性も活かしたい」など、板橋区や教職員からさまざまなリクエストを受け、設計者だけが抱える苦労もあったはずです。そうしたことを乗り越え、3社のノウハウを共有できたこと、3社それぞれで新しい学校のあり方を実現していただけたことは価値ある経験と財産になったのではないかと思います。そして、それを長澤先生が絶えずバランスを取りながら判断し導いてくれたことで、非常にユニークで戦略的な学校づくりができたと思っています。

宮田　確かに、学校がある設計者と担当者だけでつくられると、デザイン性が高くコンセプチュアルな「格好いい建物」がつくりやすいのですが、まるでモデルハウスのような学校になりがちです。多角的な視点がないため、使用者や地域の人が「自分たちのもの」というふうに受け止めづらくなってしまうんです。今回は、そうした格好いい建築ではなく、誰もが愛着をもてる建物を目指しました。そのためには、皆で話し合い、考えることが大事だと思います。多くの人が関わるからこそ、いろいろな人の視点がその学校に入ってきて、学校が「社会の縮図」になっていく。そうすることで、それぞれに責任が生まれてきて、同時に愛着が育まれてくるのでしょう。

アクティブラーニングという新たなる命題

教育長　ソフト面についてもう少し突っ込んでお話すると、これからの教育を考える上で、今、教育現場を席巻するアクティブラーニングの考え方は欠かせません。将来、子どもたちが生きていく社会を考えると、しっかりと思考し、それをわかりやすくアウトプットする力を付ける必要があります。そのためには当然ながら、まず授業が変わらなくてはなりません。私自身、オープンスペース型の学校に教員として入り、子ども観や授業観が大きく変わる経験をしました。教員が一方的に教えるスタイルから、子どもたちが課題を捉えて自ら解決していくという授業へと転換したのです。それができたのはオープンスペースというハードが整ったことが大きいのですが、3校の取り組みを見て、それだけではなく設計段階から学校現場が関わったり、実践をリードする学識経験者の協力を受けたりすることが重要だと実感しています。実際、3校では設計のプロセスから校長や教員が関わるとともに、ハードを活かす教育について福井大学で勉強させていただいたり、大学の先生にカリキュラムの監修をしていただいたりと、多くの方々との関わりを通して学校づくり、授業づくりを進めました。そこにICT機器の導入もあいまって、今、教育現場が目指しているアクティブラーニングの授業を先導的に実践できているのだと思います。

宮田　そのような方向に授業を変えていくことは、まさに全国の学校が直面している課題だと感じます。今後、日本人が国際社会の中でどう生きていくのかを考えると、従来の教育では対応が難しいでしょう。価値観の異なる人たちとどう折り合いながら新しい世界をつくっていくかを考えないと、これからの日本は成り立たない状況にあります。ICT機器やスマホが身近にあり、世界中の情報が瞬時に入ってくる社会では、これまでのように教えて覚えさせるという教育ではなく、やはり問題解決型の方向に進まなくてはならない。今後、人

工知能がいっそう発達して機械化も進めば、単純作業の仕事はなくなっていきます。工場で生産したり車を運転したりするのではなく、人間が生活する環境をつくっていく力が求められるようになるわけです。そういう意味で、現状、多様な教育が求められているのだと捉えています。そうした思いが根底にあり、教室をオープンにしたり、メディアスペースを中心に学びが広がりグループ学習に発展しやすくしたり、といった設計が生まれています。

長澤 施設環境面に絞って話すと、メディアスペースやオープンスペースには、学校の取り組みや子どもの活動の過程や成果が掲示されたり、関連する教材が展示されたりして、その学校が目指す教育が「見える化」されます。従来の学校では、教員がいろいろと努力して研究し、子どもたちが一生懸命学んだ成果は、授業が終わると片づけられて何も見えなくなりました。その点、教科センター方式やオープンスペース型の場合は、教育の目標が環境に表わされ、学習の履歴が空間に残るので、生徒たちがそれを見て、「先輩たちはこういうことを勉強しているんだ」とか、「1年生の時はこんな学習したな」とか、「隣のクラスはここまで進んでいるのか」とか学習に手掛かりを得られるんですね。さらには、そこを訪れた保護者が、学校が今取り組んでいる教育や、子どもたちの学習活動を、環境を通して知ることができます。理解が進めば、支援する動きにつながります。区長から「学校づくりはまちづくり」という言葉が出ましたが、教科センター方式やオープンスペース型の学校はそうした点でも効果が見込めます。ただし、こうした学校をつくり、運営すれば何でもよくなるという、オールマイティなかたではありません。教育の目標を据え、それに向かってこの学校をいわば乗りこなしていく必要があります。それができれば、教科センター方式やオープンス

ペース型の学校は、「教育の板橋」をつくり上げていく大きな力となることでしょう。

それから、中川教育長が仰るように、従来の教室でもアクティブラーニングや学びの展開はできますが、そのためにはいろいろな準備・経験・工夫が必要です。既存の学校は、壁に囲われた教室が狭い廊下に並べられただけで、多様な学習の場面をつくるのは大変です。今回の3校は、学校運営とあわせて多様な展開ができる自由度の高い空間を確保したということなんですね。こうした学校が、区の教育の転換期に、それを支えるようになるに違いありません。新しい教育への取り組みや教育環境づくりなど、大変なことも重々承知ですが、それでも楽しさを感じながら環境を活かしていただき、学ぶ子どもたちの姿を見られれば、計画者としてこれ以上嬉しいことはありません。

宮田 長澤先生の言われるように、学校という器が可能にする、あるいは助けになることは多いはずですし、板橋区はそういった部分を理解して、三校同時改築をされたと思います。一方で、現実的にはすべてを「新しい教育」にあわせた学校に変えていくのは難しい。そういったときに、リノベーションで、既存の校舎をもう少し自由度の高い空間に変えることも可能ですし、われわれも現に取り組んできています。建て替えだけでなく、そうした方法も選択肢に加え、今後の学校づくりを柔軟に取り組んでいけるといいのではないかと思っています。

地域とともにある学校をどう実現するのか

教育長 「教師は風の人、地域は土の人」という言葉をご存じでしょうか。教師は異動するから「風」ですが、地域は最後まで残るので「土」な

んですね。この言葉は、学校は地域が深く関わってつくり上げられるという考え方に結び付いています。地域とのつながりを大切にした学校づくりを進める中で、こうした考え方が区内すべての学校の教員に浸透し始めてきているのを感じます。

宮田 今回は残念ながら地域の方々とのワークショップはできませんでしたが、地域の思いはとても伝わってきました。どの学校も住宅地での建設だったので、まちとどう相対していくかもよく考えました。学校づくりは、歴史の継承が大切です。新しい学校に対して、地域の方々が「これは自分たちの学校ではない」と話すのを耳にすることがあります。そこで、地域の方々の思いを残すために、前の学校の歴史を継承することを心がけました。また、新しい学校づくりを通し、地域のよりよい環境づくりに寄与することも考えました。たとえば、赤二中の崖地があった場所をオープンスペースにして体育館の角のエリアを開放し、地震が起きたときに集まって体育館に身を寄せられるようにしました。こうした環境をつくることで、地域の方々の間に「この学校はまちを守ってくれる」という意識が生まれるのではないかと期待しています。

宮田氏

教育長 3校は防災面から見ても、地域住民にとって本当に心強いと思います。防災拠点という点でも、信頼に足る学校になりました。

区長 たとえば赤二中でいえば、敷地に若干余裕がありましたが、周辺道路には余裕がありませんでした。そこで、区道と学校敷地内の道路を連続させて、ゆったりとしたスペースを確保したんですね。また、塀で閉ざすのではなく、周辺から敷地内を見通せるようにしました。小さなお子さんの手を引く保護者の方が、中学生が運動する姿を見て、我が子の将来をイメージできます。また、隣接する小学校からもよく見えます。小学生に見られていたら中学生は張り切って活動しますよね。「こんな明るくて楽しそうな学校だったらここに通わせたいな」というように、緩やかな関係性もつくられていけばよいと思います。

長澤 3校とも改築を機に周辺の道路の環境がとてもよくなりましたね。学校ごとに周辺環境や条件は異なりますが、それぞれ大きく改善されました。たとえば、周辺の暗がりや窮屈さがあった環境が開放的な雰囲気になったり、校内に囲い込まれていた桜を通行人が楽しめるようにしたり。周辺住民の方々が「環境がよくなったな」と実感できる改善が随所に見られます。公共施設の建設においては、建物をつくるだけではなく、その建物がある地域もよくすることが大きな目標となります。それを設計者が共有していた成果だと思います。やはり学校づくりは地域づくりなのだなと、つくづく感じます。

区長 赤二中の桜並木は、地域の皆さんが開校を記念して植えたもので、「必ず残してほしい」という要望を受けていましたが、それにより、計画段階では敷地内通路の確保も困難な状況でした。そこで設計の方と相談して、桜の根を切らずに済むように、擁壁や通路の形状を設計変更して

もらい、地域住民が桜の木の下をゆっくりと歩けるようにしました。本当にいい提案をしていただいたと思います。

長澤 学校づくりには、2つの「ら」が大事といわれます。1つは学校がもっている「宝（たから）」を発見し、大事に残すこと、もう1つは「粗（あら）」をなくすことです。三校調整会議では、保護者や地域の方々にアンケートを取り、2つの「ら」を集めました。今の桜の話も、まさに地域の声が形になったのだと思います。

教育長 城を中心にできたまちは「城下町」と呼ばれますが、この3校を中心に「学校下町」ができていくといいなと感じています。学校を拠点としたまちづくりが始まるのではないかという期待ですね。なぜかというと、ほかのどの地域もそうですが、板橋の方々は人一倍、学校を愛してくれている実感があります。区内には52の小学校と23の中学校があり、それぞれ地域の方々に愛されています。これから、学校がより信頼できる防災拠点となり、また公共施設機能の複合化も進んでいきます。また、学校教育の質が向上し、在学生や卒業生たちがいろいろな場面で活躍すれば、地域の人たちも「おらがまちの誇れる学校」という気持ちがますます高まると思うんですね。嬉しいことに、今現在、教員の意識は変わりつつあります。ですが彼らは「風の人」であって、数年すれば入れ替わってしまいます。学校や子どもたち、教員たちが変革へと恐れずに進んでゆけば、地域の人たちも感化されて、「自分たちも一緒に変えなければ」という感覚が自然と醸し出されてくる気がします。「地域に開かれた」ではなく、「地域とともにある」学校づくりを目指す板橋区としては、そういったいい流れができていけばと思っています。

区長 学校を核とした地域の課題は皆で共有して克服することが大事であり、板橋区はその新たなスタート地点に立ったばかりです。今後も長く継続するためには、学校や地域、教育支援センター、もっといえば区全体が何をすべきかを常に話し合って考えていく必要があります。宮田さんをはじめ設計チームの皆さんのご苦労もあり、赤二中や板一小から3年を経て完成した中台中は、計画段階で東日本大震災を経験したこともあり、防災対策などさまざまな面で、先行した2校のフィードバックが相当活かされました。このように区全体で意識的に問題解決に取り組んでいけば、時間が経つほどいい方向に進んでいくでしょう。今後の区の教育の方向性を考えますと、子どもたちが「授業がわかって面白い」「学校が楽しい」と感じ、教員がやりがいをもてる現場づくりをどう進めていくか、という点に成果を求めていきたいと思います。これからも関係者全員が確かな自信や誇りにつながる取り組みを継続していきましょう。

教育長 「新しいぶどう酒は新しい革袋に入れなければならない」という言葉にあるように、改革には新しい環境が必要ですが、すべての学校にオープンスペースや教科センター方式をただちに整備するのは、財政的な事情もあり厳しいのが実

中川教育長

情です。しかし3校の実践を通して、ソフトの部分でもさまざまな展開ができることがわかってきました。そもそも学校とは何なのかを考えると、最後に行き着くのは「地域とともにある学校」ではないでしょうか。3校の実践を通して地域の願いが学校の中で実現しつつある様子を見て、そう感じます。今までは地域の方々が外から学校を応援していましたが、今後は地域の方々も学校の中に積極的に入り、「どんな学校にしたいのか」「どんな子どもを育てたいのか」といったことをオープンに語り合うという、地域とともにある学校づくりを目指します。

これからの板橋の教育

宮田 先程も少し話しましたが、決して校舎を変えれば教育が変わる、というものではありません。しかし、校舎が変わればさまざまな教育展開が可能になる、と思います。環境から享受できる部分というのは、皆さんが意識している以上に大きいというのが、環境づくりのプロとしての意見です。そのために改築ができれば最善ですが、ちょっとした改修でも学校は変えられると考えています。そして、できた空間をどう使いこなしていけるのか、いきいきとした学校にするにはどうしたらよいのかを、皆さんが考え続けることが大切ではないでしょうか。そして今後、限られた予算・人員で整備を進めていく中で、区が目指す教育をどう展開していくのか、学校づくり自体も自由な発想をもって目標達成のための方法を選び取り、3校をリーダーとして、考え、実践していただければと思います。

長澤 今回の学校づくりは、学校や地域にとって宛行扶持（一方的に与えられるもの）の施設を得ることではありませんでした。教員も参加し、教育について、生徒指導などに関する心配や不安について、さまざまな議論を重ねて形にしました。さらに、「土の人」である地域の方々も一緒になってつくりあげた学校です。私は、学校とは「生き物」だと思うのです。新しい学校を100年使うと考えれば、その間にはきっと元気を失ってしまう時期もあるでしょう。それでも、この学校は上から一方的に与えられたわけでも、計画者や建築家の考えだけでつくられたものでもありません。皆が議論を重ね、皆の思いを形にした学校であるという物語を長く伝え続けてほしい。そうすることで、元気を失ったときにも「どうしてこういう学校をつくったのか」という原点に立ち返り、議論し直して新たな教育に向かうことができるはずだと思うのです。学校づくりの物語は、きっと次の取り組みにチャレンジする力となり、学校が長く生き続ける支えになるに違いありません。

教育長 今回の改築によって、3校の教育は明らかに変化しています。それは、2020年以降改訂予定の学習指導要領とリンクする部分も多く、これからの教育の方向性を示唆するものだと感じています。3校はとても質の高い授業モデルを示してくれているのです。この成果を、区内のどの学校でも、どの教員でも、どの授業でも実践されるよう「板橋区 授業スタンダード」として、教員に周知・徹底して取り組んでもらうことが教育委員会事務局の重要なミッションです。こうして質の高い授業を一般化できれば子どもたちの学びに向かう力を高め、基礎的な知識技能の習得、そして思考力・判断力・表現力といった力も身に付いていくと信じています。

　点は1つでは点ですが、2つあれば線が結べ、3つを結べば面になります。これから板橋第十小学校と上板橋第二中学校の2校が同時改築され、点が5つになります。こうしてできた厚い面を区全域に押し広げ、教育の質の向上を図るために、教育委員会は積極的に学校教育とかかわっ

ていきます。

　最後に、今回の改築を突破口に板橋区立学校全体の質を高め、子ども、保護者、地域の方そして教職員それぞれにとって「おらが学校」「おらがまち」「おらが板橋」の気運づくりにつなげがれば素敵だなと思いますし、それが私の夢でもあります。

　（2016年12月2日／板橋区役所応接室にて）

建築概要／図面

板橋区立板橋第一小学校

所在地	東京都板橋区氷川町13番1号
主要用途	小学校
建築主	東京都板橋区
基本設計	**松田平田設計・教育施設研究所・楠山設計 共同企業体** 担当：宮田多津夫（総括）、岡田尚之、飯塚正規、飯田順一、高松敏彦、宮本弘毅、長岡寿昭、石井和広
実施設計	**株式会社 楠山設計** 担当：長岡寿昭・石井和広・松澤憲一（建築）、仮屋薗耕一・伊勢 亮（構造）、鈴木悦雄（電気）、福田祐樹（機械）、柴田秀彦（積算）
監理	**株式会社 楠山設計** 担当：田口 泰

敷地面積	10,037.62㎡
建築面積	3,965.49㎡
延床面積	9,322.31㎡
建ぺい率	39.51%
容積率	92.87%
構造／規模	鉄筋コンクリート造 一部 鉄骨造／地上4階

〔施設〕

クラス数	各学年2クラス（普通教室、多目的室）
特別教室	理科室×1室、音楽室×1室、図工室×1室、家庭科室×1室、
その他	メディアセンター（図書室、パソコン教室）、多目的ホール、体育館　他
プール	25m×6コース

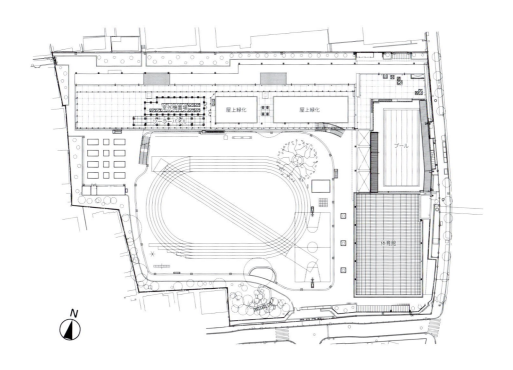

配置図　scale ＝1/1000

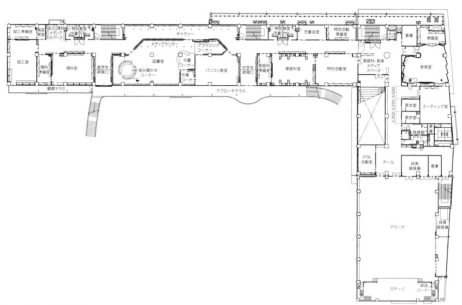

2F 平面図　scale ＝ 1/800

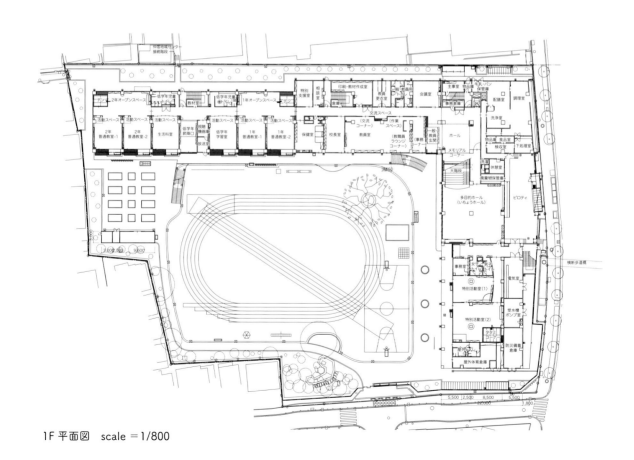

1F 平面図　scale ＝ 1/800

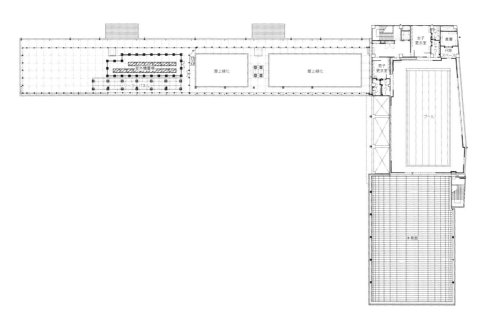

4F 平面図　scale＝1/800

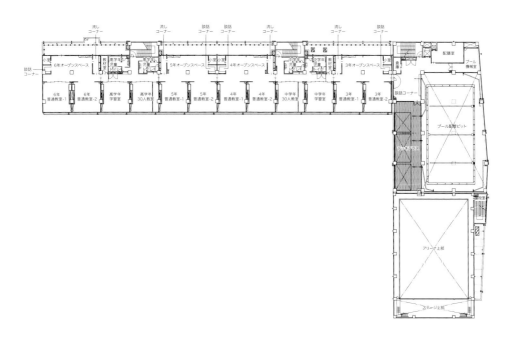

3F 平面図　scale＝1/800

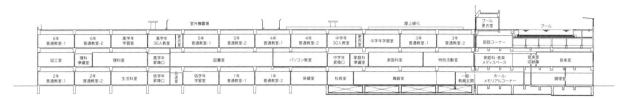

A-A' 断面図

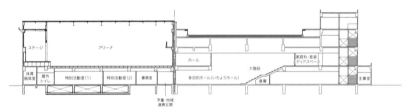

B-B' 断面図

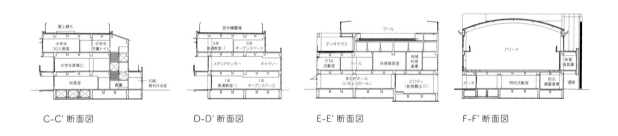

C-C' 断面図　　D-D' 断面図　　E-E' 断面図　　F-F' 断面図

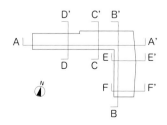

断面図　scale＝1/800

建築概要／図面

板橋区立赤塚第二中学校

所在地	東京都板橋区成増3丁目18番1号
主要用途	中学校
建築主	東京都板橋区
基本設計	松田平田設計・教育施設研究所・楠山設計 共同企業体 担当：宮田多津夫（総括）、岡田尚之、飯塚正規、飯田順一、高松敏彦、宮本弘毅、長岡寿昭、石井和広
実施設計	株式会社 松田平田設計 担当：宮田多津夫（総括）、岡田尚之・飯塚正規（建築）、平岡秀章・飴谷智司（構造）、長嶺秀樹（電気）、清水克則（機械）、井上敬三（インテリア）
監理	株式会社 松田平田設計 担当：永友守人・有賀明・永野広海

敷地面積	15,161.68㎡
建築面積	4,277.20㎡
延床面積	10,190.99㎡
建ぺい率	28.21%
容積率	67.21%
構造／規模	鉄筋コンクリート造 一部 鉄骨鉄筋コンクリート造、鉄骨造 地下1階・地上3階

［施設］

クラス数	各学年6クラス（教科教室、ホームルーム、多目的室）
特別教室	理科室×3室、音楽室×2室、美術室×1室、家庭科室×1室、技術室×1室
その他	メディアセンター（図書室、パソコン教室）、多目的ホール、体育館、武道場 他
プール	25m×6コース

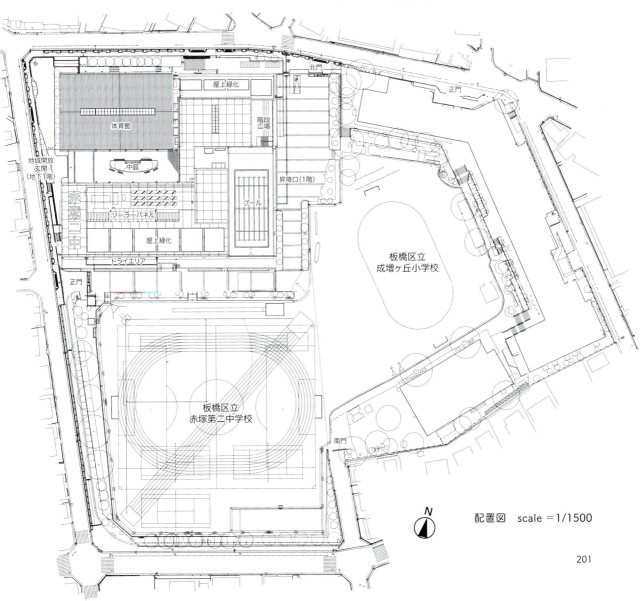

配置図　scale＝1/1500

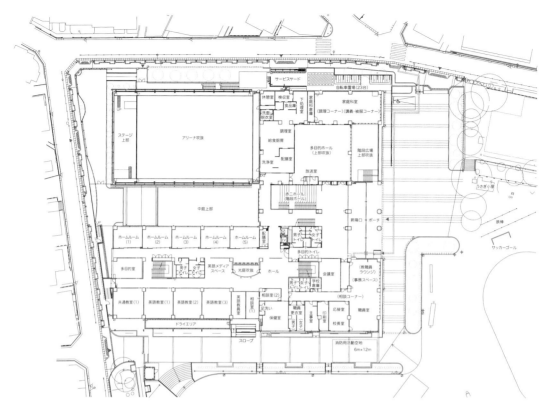

1F 平面図　scale ＝1/800

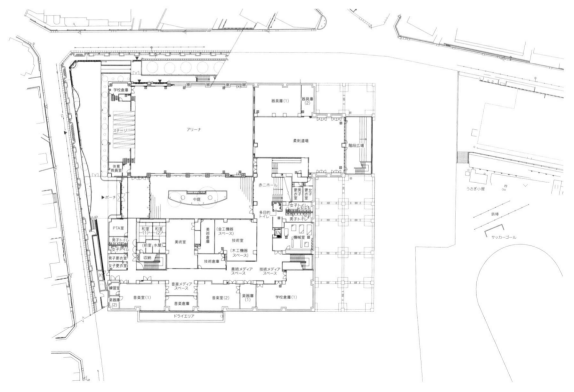

B1 平面図　scale ＝1/800

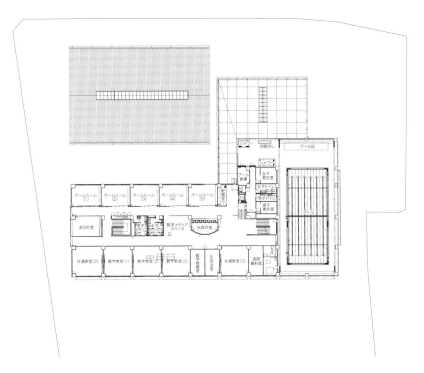

3F 平面図　scale＝1/800

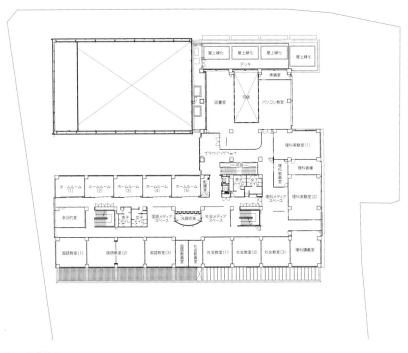

2F 平面図　scale＝1/800

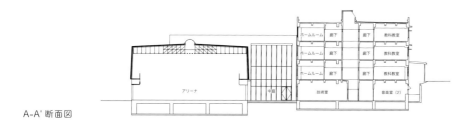

A-A' 断面図

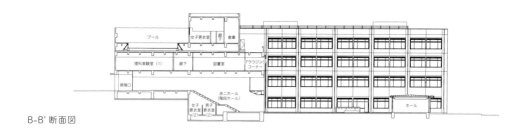

B-B' 断面図

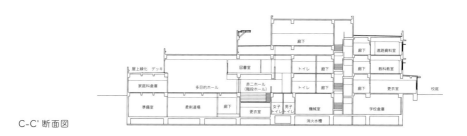

C-C' 断面図

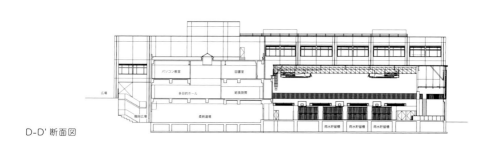

D-D' 断面図

断面図　scale ＝ 1/800

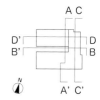

建築概要／図面

板橋区立中台中学校

所在地	東京都板橋区中台1丁目56番23号
主要用途	中学校
建築主	東京都板橋区
基本設計	**松田平田設計・教育施設研究所・楠山設計 共同企業体** 担当：宮田多津夫（総括）、岡田尚之、飯塚正規、飯田順一、高松敏彦、宮本弘毅、長岡寿昭、石井和広
実施設計	**株式会社 教育施設研究所** 担当：飯田順一・高松敏彦・宮本弘毅・深川哲雄（建築）、岡本卓実・茂木博之（構造）、廣川眞一（電気）、山田祐之（機械）、加藤誠（外構）
監理	**株式会社 教育施設研究所** 担当：深川哲雄

敷地面積	11,366.07㎡
建築面積	2,602.87㎡
延床面積	7,918.55㎡
建ぺい率	22.90％
容積率	69.66％
構造／規模	鉄筋コンクリート造／地上4階

［施設］

クラス数	各学年5クラス（教科教室、ホームベース）
特別教室	理科室×2室、音楽室×1室、美術室×1室、家庭科室×1室、技術室×1室
その他	メディアセンター（図書室、パソコン教室）、多目的ホール　他
プール	25m×6コース

配置図　1/1000

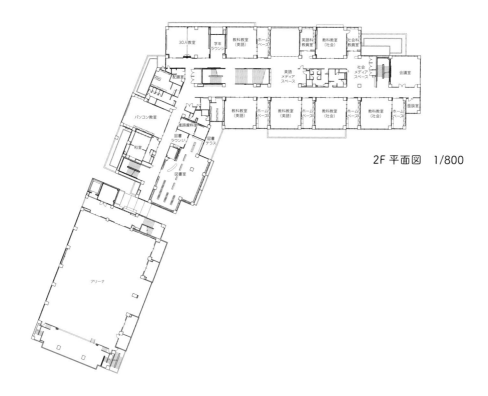

2F 平面図　1/800

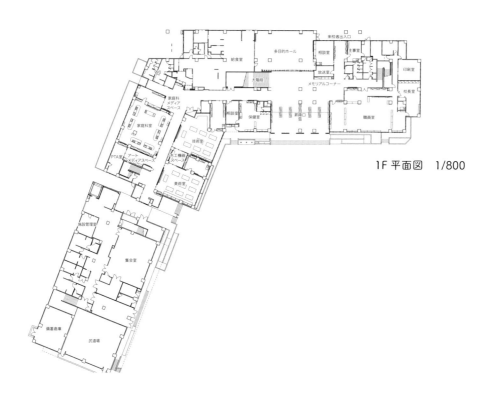

1F 平面図　1/800

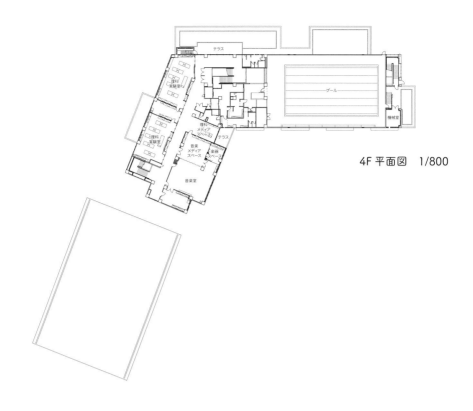

4F 平面図　1/800

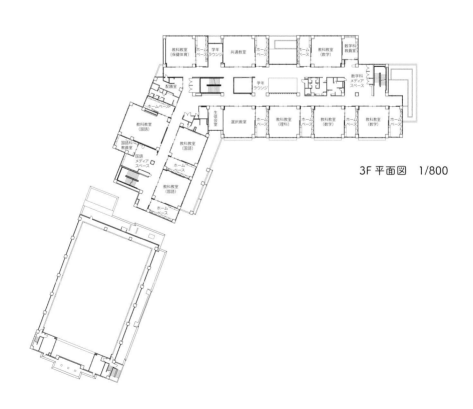

3F 平面図　1/800

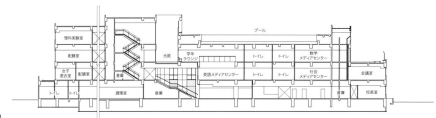

A-A'断面図

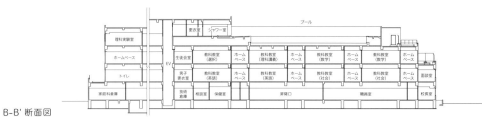

B-B'断面図

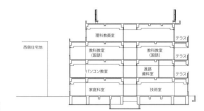

C-C'断面図

D-D'断面図

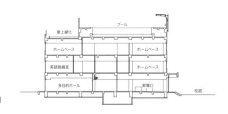

E-E'断面図

断面図　scale＝1/800

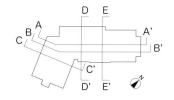